インドは中国を超えるのか

西濵 徹

ワニブックス
PLUS 新書

はじめに

このところの世界経済においては、GDP（国内総生産）の合計に占めるG7（主要7カ国・地域）の比率が5割を下回るとともに、低下傾向に歯止めが掛からない動きがみられるなど、存在感が低下しています。

その代わりに、いわゆる「グローバル・サウス」と称される新興国の存在感が高まっています。この背景には、近年の世界経済がグローバル化の動きを加速化させるとともに、中国がその恩恵を最も受ける形で高い経済成長を実現してきたことがあります。

多くの新興国にとっては、中国経済の高い経済成長に文字通り「おんぶに抱っこ」となる形で中国経済との関係を深化させるとともに、経済成長の恩恵を享受できる環境が続いてきました。日本経済にとっても、新興国との繋がりを体感する場面が日増しに増えていることを実感されている方が多いのではないでしょうか。

しかし、このところは中国経済の勢いに陰りが出る兆しが鮮明になっており、中国に代わる形でインドが世界経済のけん引役になるとの期待を集めています。

なお、中国経済については、様々な問題が山積しており、すでに色々な報道で明らかになっているように一部が表面化する動きもみられます。その一方、中国経済には「強み」と呼べる事象も数多く存在しており、「まだら模様」の様相を呈していると捉えることができます。

他方、インド経済に対する期待は国内外で高まっているほか、その潜在力についても様々な面で間違いなく高いと捉えられます。とはいえ、現状においてインド経済は実態に比べてイメージが先行している感は否めないのも間違いありません。

本書では、中国とインドについて、それぞれ強みと弱み、そして、将来を見通していくなかで両国がどういった方向に進んでいくことが考えられるか、さらに、日本として両国と如何に対峙していく必要があるか、といったことについて、筆者としてひとつの見方を示しています。

このところの日本では、しばしば「読書離れ」が進んでいるなどといわれて久しいです。そうしたなかで本書を手に取っていただいた皆様にとって、中国とインドの経済や政治を理解する一助となることができれば、まことにありがたく思います。

目次

はじめに 3

第1章 政治・社会制度の基礎知識……13

一党独裁国家と「世界最大の民主主義国」 14
インドの連邦議会 15
有権者は9億人超 17
「反共産党」はすべて非合法の中国 19
全人代の代表には有名企業経営者も含まれる 20
インドの議員内閣制と地方政府の権限 23
結婚しない若年層が増える中国 25
人口増のインドでも所得水準の高い地域は…… 28

両国とも「産み分け」がもたらした男女比の歪さ　32
現在も根深く残るインドの「カースト制度」　34
漢民族が9割を占める中国の民族問題　38
インドの民族と宗教を巡る差別問題　40
モディ政権の「ヒンドゥー至上主義」　42
政治体制が中国・インド経済に影響するもの　45

第2章　インドと中国　それぞれの強み

第2章　インドと中国　それぞれの強み……49
製造拠点としての中国　50
新型コロナが意識させたチャイナ・リスク　51
「製造業といえば中国」という環境は未だに続いている？　53
3期目の習近平政権が掲げる方針　54
モディ政権と伸び悩むインドの製造業　56
インドが「IT大国」と称されるまでの道のり　58

カーストが絡むエンジニア間の激しい競争　62
デジタル・インディア　64
コロナ禍で注目を集めたインドの医薬品産業　66
日本も抱える原薬輸入への依存という課題　69
中・印両国がしのぎを削る自動車産業　71
中国の自動車産業を取り巻く環境は厳しい　72
インドの自動車業界で重要な役割を果たしたスズキ　76
現代においても海外からの技術導入が課題　79
中国の民間企業と国有企業　81
財閥の存在感が大きいインド　82
インドの経済格差と政財癒着　84

第3章　中国経済の「停滞」とインド経済の「弱点」……87

胡錦濤政権時代の「アキレス腱」　88

習近平政権では問題の先送りが続いてきた　90
中国「不動産不況」の実相　92
この不況は序の口なのか　95
中国で強まるデフレ圧力　96
日本のバブル崩壊との類似点・相違点　100
インドと周辺国との不安定な関係と「親中派勢力」　102
高い経済成長を実現する背後で失敗したインドの政策　106
７０００万人を超える貧困層　109
中国で加速する国外脱出の動き　111
インドでも国外脱出の動き　113

第４章　日本にとってインドは中国の代わりになるのか……117

分断にともなう「脱中国依存」の動き　118
経済的威圧への警戒が結束を生む　119

日本はG7の中で圧倒的に中国への依存度が高い　121
中国への輸出に悪影響が出る可能性　126
インド向け輸出は1・5％に留まる　128
インドとの経済関係深化のきっかけ　130
地理的な距離が今後の日印関係の課題　132
「実利重視」のインドとどう交流すべきか　134
そもそもインドは日本をどう見ているのか　136
日本に対する「あこがれ」は薄れつつある　139

第5章　インドと中国の今後……143

中国経済はどこに向かうのか　144
グローバル化の足かせになる可能性　147
他国より速い生産年齢人口の減少にどう対処するか　150
インド経済は中国に代わる存在となるのか　153

インドの1人当たりの経済成長率は中国よりも低い　154
将来的な人口動態の変化に留意する必要性　156
中国にはない「民意」がインドを左右する　159
モディ政権は期待の高さを具体的な政策で下支えできるか　161
今後の中国との付き合い方　162
インドを「中国」にさせないために　165
おわりに　170

第1章　政治・社会制度の基礎知識

一党独裁国家と「世界最大の民主主義国」

インドと中国を比較すると、政治体制の面では真っ先に中国共産党による一党独裁国家である中国と、「世界最大の民主主義国」と称されるインドという対照的な国であると見ることができます。

中国では、中華人民共和国憲法において結社の自由が国民の権利と規定されている（憲法第35条）一方、その序文において中国共産党が国家の統一と団結を守るべく「領導する（上から指導する）」といった内容が規定されています。したがって、中国については憲法によって中国共産党による独裁体制を維持することが事実上規定されていると捉えることができます。

なお、中国国内には合法的とされる政党が複数存在しているものの、これらの政党はいずれも中国共産党にとって事実上の衛星政党であり、その点でもヘゲモニー政党制が構築されていると捉えられます。

中国共産党に反対する姿勢を示す政党についてはいずれも非合法な立場に置かれてお

り、その点でも中国共産党の意見が中国国内におけるすべての政策を左右することになります。

インドの連邦議会

一方、インドが世界最大の民主主義国と称される背景には、今や中国を上回る世界最大の人口を擁する中で選挙が行われることがあります。

インドの連邦議会は上院（国家評議会、ラジャー・サバー）と下院（代議院、ローク・サバー）の二院に分かれており、上院は被選挙権が30歳以上で任期が6年、解散権がなく2年ごとに議員の3分の1が改選されます。対して、下院は被選挙権が25歳以上で任期が5年、大統領権限に基づく解散権が存在します。したがって、インドの連邦議会上下院の在り様は日本の参議院（≒上院）と衆議院（≒下院）と類似していると捉えられます。

ただし、すべての議員を国民による直接選挙を通じて選出する日本に対して、インドでは下院議員については国民による直接選挙を通じて選出するものの、上院議員は州や連邦直轄領議会による間接選挙で選出するといった形で選挙制度は異なります。その上、インドの連邦議会では上院、下院にそれぞれ優越的な権限が付与されています。

たとえば、内閣に対する不信任動議や税制をはじめとする金銭法律案（税やインド統合基金〝税、手数料、利息収入や貸付の回収金、借入金など政府にとっての収入を管理する基金〟といったいわゆる「政府の財布」に関連する法律案）については下院に、州管轄事項（憲法において、州政府は州法制定と治安維持、公衆衛生、教育、農林水産業などを専管事項とすることが定められています）に関する立法宣言や連邦政府と州政府で共通する行政組織（憲法において、連邦政府と州政府の共管事項として経済計画、社会保障、貿易、産業などが定められており、両政府にそうした行政を受け持つ組織が存在しています）に関連する宣言については上院に優越的な権限が付与されています。

金銭法律案以外のすべての法律に関する先議や、憲法改正に関する発議は上下院それぞれで行うことができるため、それぞれの優越的な権限を除けば似通った存在と捉えることができます。ただし、下院において首班指名選挙が行われるため、下院総選挙が政権選択選挙という位置付けになります。

２０２４年に実施された総選挙（連邦議会下院総選挙）を経て、ナレンドラ・モディ首相が率いる政権は連続での３期目入りを果たしています。インドにおいて政権が連続で３期目入りを実現したのは、初代首相であるジャワハルラール・ネルー以来であり、それだけモディ政権が３期目入りを果たしたことは異例のことといえます。

有権者は9億人超

２０２４年の総選挙については、同国政府によると選挙登録を行った有権者数が約９億６８８３万人に達しており、文字通り世界最大の選挙であったことが理解できます。そして、有権者数についても若年層を中心とする人口増加の動きを追い風に２０１９年に実施された前回の総選挙時点と比較して５０００万人以上増加しており、先行きにおいても「世界最大」とされる選挙の規模は一段と拡大していくことが予想されます。

これだけ多くの有権者が円滑に投票を行うとともに、票の集計を行うことができるよ

2024年インド総選挙の投票所で行列をつくる有権者（写真：AP／アフロ）

う、インドの選挙においては電子投票機による電子投票が採用されています。電子投票が採用された元々の背景には、インドには多種多様な言語が存在するとともに、高齢者層を中心に識字率が低く、文字を書く投票が難しいことも影響したとされています。よって、投票ボタンの横に候補者名と所属政党のシンボルマークが記された電子投票機が用いられています。

ちなみに、これだけ多くの有権者が投票を行うためにはそれだけの投票機が必要になることから、インドの総選挙においては地域ごとに投票日を7回に亘って分散して実施され、それに伴い1カ月半余りの時間を要する一大イベントになります。

「反共産党」はすべて非合法の中国

一方で、中国においては先に述べたようにすべての事柄に中国共産党が関与しており、中央政府と地方政府の関係を巡っても中国共産党内の関係が大きく影響を与えています。そのことは、地方政府のトップが人民政府の長（行政組織の長）ではなく、共産党委員会の書記（共産党組織の長）であることにも現れています。

さらに、中国共産党においては長らく総書記を含めた最高指導部である党中央政治局常務委員を中心に、政治局員、中央委員、中央候補委員という組織の下で上意下達による意思決定がなされてきました。ただし、決定に際しては合議や多数決による集団指導体制が採られてきたものの、習近平氏の下では総書記に権限が集中する形で一段と独裁色を強める動きがみられます。

こうした状況に加えて、共産党内における意思決定によってすべての政策が遂行される一方、中国においては基本的に選挙が行われず、中国共産党に反対する姿勢を有する政党はすべて非合法とされており、そうした意見を表明する場も公には存在していません。その意味では、中国共産党による意見が絶対的なものとして存在していると捉えられます。

全人代の代表には有名企業経営者も含まれる

中国にもいわゆる「議会」に当たる全人代（全国人民代表大会）が存在しています。憲法において、全人代の任期は毎期5年とされているほか、代表の定数は3000人を超えてはならないとされています。

全人代は省・自治区・直轄市・特別行政区・人民解放軍が選出する代表（議員）によって構成されていますが、その代表選出に当たっては一般国民が参加することはできず、それぞれの組織における間接選挙制がとられています。

なお、代表のなかには少数民族や共産党の衛星政党である「民主党派」などの非共産党員のほか、有名企業の経営者といった資産家も含まれていますが、大多数を共産党員が占めています。さらに、共産党の方針から逸脱する人が人民代表に選出されることはなく、事実上の共産党の意向に沿った組織になっていると捉えられます。

全人代においては、憲法改正や憲法施行の監督、刑事法・民事法・国家機構及びその他の基本的な法律の制定、国家主席と副主席の選出と罷免、国家主席の指名に基づく形での国務院総理（首相）の選定、国務院総理の指名に基づく形での国務院副総理・国務委員（副首相級）・各部部長（大臣）・各委員会主任（大臣級）・監査長（会計検査長）・秘書長の選定、国家中央軍事委員会主席の選出と罷免、国家中央軍事委員会主席の指名に基づく同委員会の構成員の選定と罷免、最高人民法院院長と最高人民検察院院長の選出と罷免といった国家及び政府の人事に関わるなど、国家の最高権力機関として行政権・司法権・検察権に優越する立場となっています。

さらに、全人代においては共産党を中心とする大会主席団や全人代常務委員会、国務院などが提出した議題を審議します。憲法においては具体的に、国家経済・発展計画や計画執行状況の報告の審査・承認、国家予算・予算執行状況の審査・承認、全国人民代

中国全国人民代表大会 第14期第2回会議の様子（写真：AP／アフロ）

表大会常務委員会による不適切な決定の改廃、省・自治区・直轄市の設置の承認、特別行政区の設立とその制度の決定、最高国家権力機関として行使すべきその他の職権といった権限が定められています。

憲法に基づく形で会期は年1回、例年は3月に開催されており、閉会中は全人代代表のうち200人ほどで構成される常設機関「全人代常務委員会」が最高国家権力や立法権を代行する形が取られています。そして、全人代常務委員会が必要と認めた場合のほか、5分の1以上の全人代代表が提起した場合は臨時に全人代を招集することが可能となっていますが、ほぼ招集されることがない状況が続いています。

いわゆる国会議長に当たるのが全人代常務委員長になりますが、2023年に始まった第14期全人代の常務委員長は、共産党最高指導部である共産党中央政治局常務委員のなかで序列3位に当たる趙楽際氏が務めています。

すでに述べたように、中国共産党による意見がすべてに優越する形で存在していることも影響して、全人代に提出された議題に対しては時に反対票や棄権票が出る場合もありますが、否決に至った例は過去に1度もなく、全人代は「形式的な議会」と捉えることができるかもしれません。

インドの議員内閣制と地方政府の権限

インドでは日本と同様に議院内閣制が採られており、首相が政府の長として行政組織を統括します。その一方、国家元首としての大統領は存在しており、両院議員や州や連邦直轄領議員による間接選挙によって選出されるものの、国家元首としての形式的、かつ象徴的な権限しか認められておらず、首相が行政面での主導権を有します。

他方、連邦政府と地方政府との関係を巡っては、イギリスによる植民地時代に構築された制度が未だに色濃く影響を残しています。なお、第二次世界大戦後の独立に際しては、連邦政府の権限が比較的強固な連邦国家である集権的連邦国家となっていたものの、1991年に経済の自由化に舵が切られたことに伴い連邦政府の役割が変化したほか、翌92年の憲法改正により地方分権化が進んだことを受けて、地方政府に権限移譲が進んだことで分権的連邦国家に移行してきた経緯があります。

こうした経緯も影響して、現在の州政府は治安や警察、刑務所、地方自治体、公衆衛生などで幅広い権限を有しており、時に連邦政府との間で軋轢が生じることも少なくないとされます。

こうしたなか、モディ政権の下では州政府どうしを競わせることにより連邦政府の意向をより反映させる姿勢を強めており、こうした動きを競争的連邦制と称する向きもみられます。

なお、先に述べたように2024年の総選挙を経てモディ政権は3期目入りを果たしています。しかし、総選挙ではモディ首相を支える与党連合は半数を上回る議席を確保したものの、選挙前には単独で半数を上回る議席を確保していた最大与党のＢＪＰ（インド人民党）は議席を減らすとともに、獲得議席数も半数を下回るなど退潮を余儀なくされました。

よって、今後はモディ政権の下で導入が進んできた競争的連邦制の動きに変化が出る可能性があるほか、そのことが連邦政府と地方政府との力関係にも少なからず影響を与えることにも注意を払う必要が高まっていると考えられます。

結婚しない若年層が増える中国

国際連合（国連）による推計では、２０２３年にインドの人口が中国の人口を上回り世界最大になったことが明らかにされました。その後も、中国においては人口が減少している一方、インドでは人口増加が続くなど、両国の人口動態を巡っては違いが際立つ動きがみられます。

中国においては、長らくいわゆる「一人っ子政策」が採られてきたため、その影響でここ数年は少子高齢化の進展が懸念される状況が続いてきました。こうしたなか、習近平政権は2016年に一人っ子政策を廃止するとともに、出産人数を2人までとする事実上の「二人っ子政策」に転換したことに加え、2021年には出産人数を3人までとする「三人っ子政策」に舵を切るなど出産制限政策を大きく転換させてきました。しかし、こうした政策転換にもかかわらず出生数は減少しており、コロナ禍によって減少の動きに拍車が掛かる事態となっています。

出産制限の緩和を受けて比較的裕福な家庭においては第2子の出産が増えている模様であるものの、それ以上に第1子の出産が大きく減少しており、少子化に歯止めが掛からない事態となっています。

そうした背景には、中国において婚姻率が低下している、いわゆる結婚しない若年層が増加していることが挙げられています。事実、ここ数年の婚姻数は大幅に減少しており、2013年の1346万組をピークに頭打ちの動きを強め、2022年にはコロナ禍も影響する形で683万組とほぼ半減してしまいました。

こうしたことから、結果的に出生機会そのものが減少していることが影響していると考えられます。

さらに、ここ数年の中国においては若年層による高等教育を受ける機会が大幅に拡大する一方、それに見合った雇用機会の創出が遅れたことでミスマッチが拡大し、結果的に雇用環境が厳しさを増す動きがみられます。

そして、足下の中国においては都市化率が60％を上回っており、国民の３分の２近くが都市部に集中するなかで核家族化も進み、近年における生活費や教育費などの高騰も結婚や出産のハードルを上げているとされます。

そうしたなか、コロナ禍を経て若年層を取り巻く雇用環境は一段と厳しさを増しており、そのことが婚姻に対する意欲を大きく後退させているとみられます。中国共産党は、２０２４年に開催した習近平政権３期目における中期的な経済政策の運営方針を討議する３中全会（第20期中央委員会第３回全体会議）において、若年層の雇用機会の拡大を目指す方針を決定しているものの、具体的にどのような方法で実現するかについては明確にされていません。

若年層を取り巻く環境が大きく改善するとは見通しにくい上、先行きに対する見方も厳しさを増すなか、今後の中国における婚姻数や出生数が増加に転じるかは極めて不透明と捉えられます。

さらに、中国の平均年齢は40歳弱と新興国のなかでは比較的高水準に達している上、2022年に中国の総人口は減少に転じました。また、世界銀行が2024年に公表した人口推計に基づけば、2054年にかけて2億人以上も人口が減少するとともに、その後も今世紀末には2024年時点と比較して半減するなど、今後も減少の動きは続くと見込まれ、そのペースが徐々に加速していく可能性も充分に考えられます。

人口増のインドでも所得水準の高い地域は……

人口減少が顕在化しつつある中国に対し、インドは平均年齢が28歳台であるなど総人口に占める若年層の割合が比較的高く、人口ピラミッドも三角形に近い形状を維持しています。こうした人口構成も影響して足下においても人口増加の動きが続いているほか、

中国の人口ピラミッド(2022年)

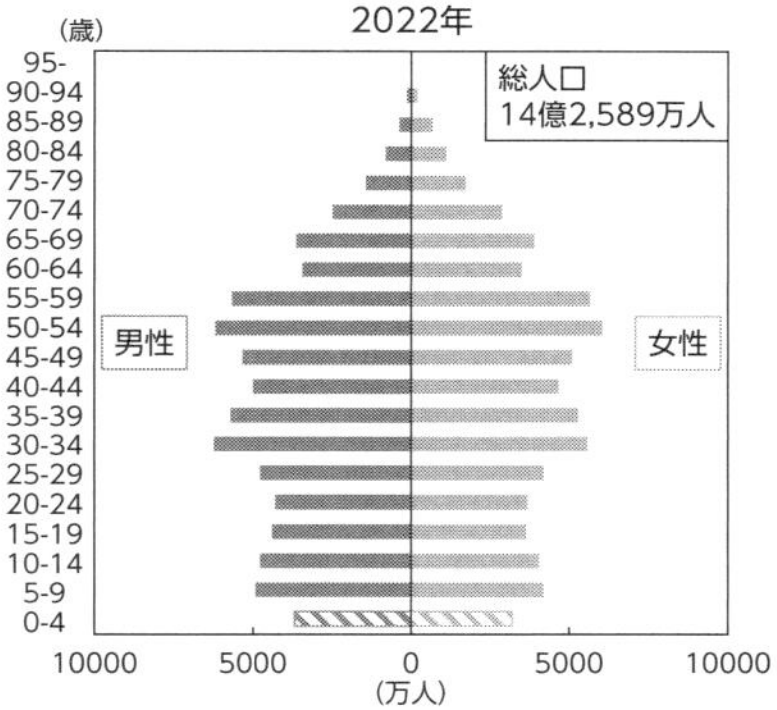

出所：内閣府HP

インドの人口ピラミッド(2022年)

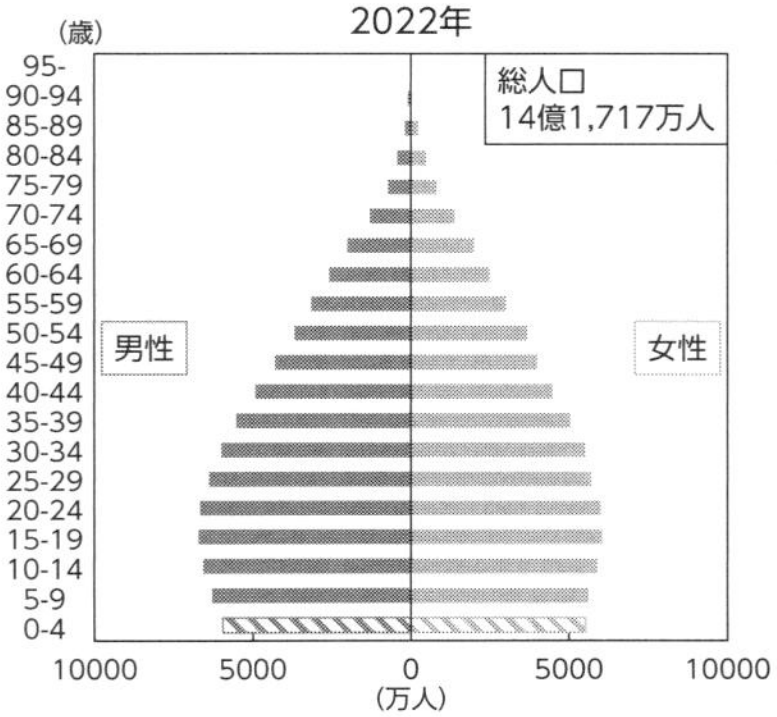

出所：内閣府HP

先に述べたように5年ごとに実施される総選挙においては有権者数が大幅に増加する動きも確認されています。

さらに、国連による最新の人口推計によればインドの人口は２０６４年に17億人弱でピークを迎えるとしており、つまり向こう40年近くに亘って人口増加が続くと見込まれています。よって、インドの人口を巡っては減少ペースが加速していくと見込まれる中国とは対照的な状況にあると捉えられます。

しかし、インドにおいても州ごとの出生動向については異なる見え方が生まれていることに注意する必要があります。インド全土における合計特殊出生率は２・０近くと人口増加が期待される水準を維持しているものの、所得水準が相対的に高い地域においては近年出生率の低下が顕著で、所得水準が低い地域における出生率の高さが全体的な水準を押し上げている動きが確認されています。

たとえば、農村部の合計特殊出生率は２・２とされるのに対して、都市部の合計特殊出生率は１・６と人口維持に必要とされる水準（１・８）を下回っているとされており、都市部においては人口減少の動きが顕著になっている様子がうかがえます。

なお、かつてのインドは合計特殊出生率が6・0に近い水準にあるなど、人口爆発とも呼べる状況に直面してきました。そのため、当時の政府は女性に対する避妊教育のほか、家族計画プログラムの積極的な推進による人口抑制策を展開しており、1970年代以降の合計特殊出生率は大幅に低下してきた経緯があります。

近年は高等教育の機会拡大に伴い女性の教育水準もともに向上しており、そうした動きに連動する形で所得水準の比較的高い地域においては女性が高等教育を享受することができるようになっています。そして、都市部を中心に自立した女性として生活を送ることが可能になったほか、そうしたことを背景に結婚や出産に対する見方も変化するとともに、合計特殊出生率の低下が顕著になっているとの見方もあります。

さらに、近年の経済成長を受けてインドにおける家族観が変化していることも出生率の変化を促す一因になっているとの見方もあります。それは、かつてのインドにおいてはは大家族がひとつの家の下で生活を営む姿が多くみられたものの、都市部においてはいわゆる核家族化が進んでいるとともに、都市部においては生活費や教育費が高騰するなど、子供を産み育てる環境が大きく変化していることも影響していると考えられます。

その意味では、インド全体では少子高齢化が懸念される状況ではありませんが、都市部において着実に進行する少子高齢化は人口動態に影響を与える可能性に注意する必要があります。

両国とも「産み分け」がもたらした男女比の歪さ

中国とインドに共通する人口を巡る問題に、男女比の「歪さ」があります。中国では、長年に亘って採られてきた一人っ子政策の影響に加え、子供が親世代の面倒をみるという儒教的な思想も重なり、出生数に占める男児の割合が女児に比べて多くなるいわゆる「産み分け」が問題とされてきました。

一人っ子政策が本格的に運用された１９７９年以降に生まれた世代に限れば、すべての年代で男性の割合が女性に比べて多いことに加え、２０２４年時点において20代以下に限れば男性の割合が女性に比べて１割以上も上回っているなど、政策が長期化するなかで男女比を巡る歪さが増していったと捉えることができます。

一方、先に述べたようにインドにおいては人口抑制策によって合計特殊出生率が引き下げられてきた経緯があるものの、２０２４年現在、人口抑制を目的とする政策は採られていません。

それでも、男性の割合が女性に比べて大きくなる背景には、農村部を中心に男尊女卑という保守的な文化がまん延しており、なかでもインド特有の文化として存在する「ダウリー（ダへーズ）」と呼ばれる持参金制度が慣習化していることを挙げる向きがあります。これは結婚に際して、新婦側の家族が新郎側の家族に対して金品を送る慣習であり、政府は１９６１年にいわゆるダウリー廃止法を制定するとともに、その後も法改正などを通じて禁じる呼び掛けを行っています。

しかし、現実には近年の経済成長を追い風にした所得拡大を受けてダウリーの水準は上昇しているとされており、そうした動きに伴って新婦側家族の負担は増大しています。

こうしたことから、政府は性別の選好を目的とする中絶を法律によって禁じているにも拘らず、女児の妊娠がわかった段階で中絶するケースが増えているなど、結果的に男性の割合が女性に対して1割近く上回る事態となっています。なお、男尊女卑の保守的な文化の背後にはカーストや宗教対立といった様々な社会問題が複雑に影響しているとされており、そうした問題に対応していく必要があります。

現時点における医療技術の下では、人間は女性からのみ生まれることを勘案すれば、女性の出生数が低く抑えられていることは、先行きにおける出生数が一段と下振れすることに繋がることが考えられます。そのため、想定以上に早く人口減少局面入りする可能性が高まることにも留意する必要があるでしょう。

現在も根深く残るインドの「カースト制度」

インドに関する話のなかで必ずと言っていいほどに挙がる疑問に、カースト制度の問題があります。

カーストとは、元々はヒンドゥー教における身分制度であり、ヒンドゥーの教えに基づく区分であったものの、インドにおいては4つの身分（いわゆる「司祭」とされるバラモン（ブラフミン）、「王侯」や「士族」とされるクシャトリア、「庶民」とされるヴァイシャ、「隷属民」とされるシュードラの4つ）がヴァルナとして定着した後、時代を経るにしたがって部族やコミュニティを単位とするジャーティという形に細分化されるとともに、固定化された経緯があります。こうした経緯から、インドにおいてはヒンドゥー教以外の宗教においても、ヴァルナとジャーティの形でカーストが根付くことになりました。

日本においてカーストという言葉が持つ意味を考えると、「○○カースト」などといった表現で使用される例が多いこともあり、差別という話に広がりやすいのが実情かと思います。インドでは憲法において不可触民（カーストの外にある被差別民のこと）を規定してきた制度を廃止することを規定しているほか（17条）、カースト（ヴァルナとジャーティ）に基づく差別を禁止する規定も盛り込んでいます（15条）。

ただし、憲法においてはカーストを理由にした差別行為を禁止しているだけであり、あくまでカーストそのものについては禁止されていません。よって、現在においても制度として国民の間に根付いているのが実情です。

近年の経済成長や都市化の進展などを背景に、都市部においてはカーストに対する意

インドのカースト

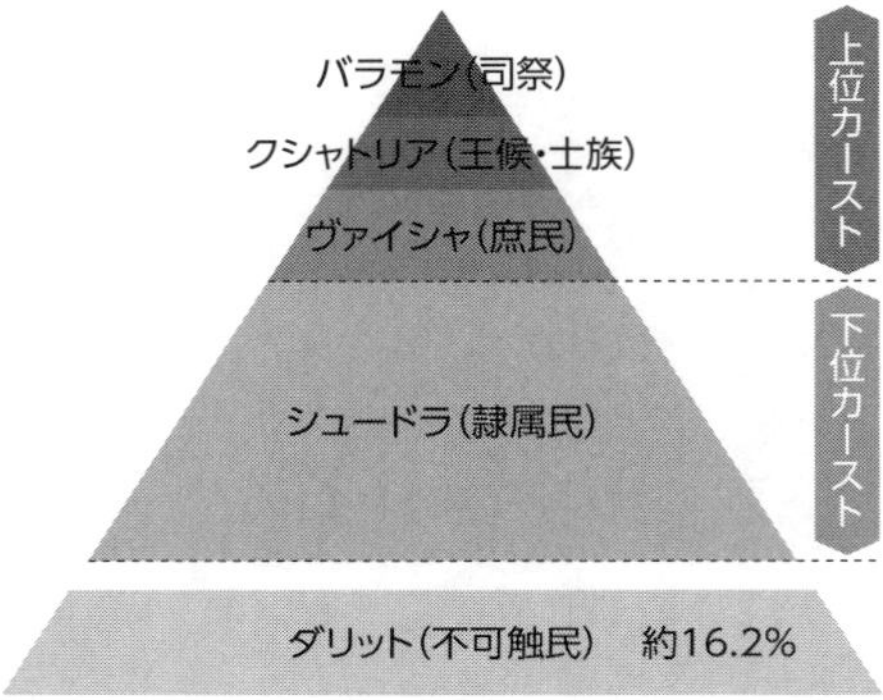

識は曖昧になってきており、ヒンドゥー教徒であっても自らのカーストを知らない人もいるようです。その一方で国民の7割以上が居住するとされる農村部においては依然としてカーストに対する認識が根強く残っているとされており、地域差が存在していると考えられます。

インドに進出する日本企業の間にカーストが意識されるようになったきっかけは、カーストが元々職業と大きく結びついてきたことが影響していると考えられます。

ただし、憲法によってカーストに基づく差別が禁止されていることもあり、近年の経済成長を背景にした近代化や都市化、産業の発展を受けて職業選択の自由といった概念が広がっており、いわゆる工場労働については様々なカーストに開かれているのが実情です。

一方、憲法ではカーストや指定部族を元にした留保制度が規定されており、教育機関への入学のほか、公務員や国営企業職員への就職、議席の一定割合がいわゆる低カーストの人々に割り当てられる仕組みも作られています。近年はこうした対応を逆差別とみる向きもあるようですが、民間企業が率先して不可触民出身者による起業を支援するなどの取り組みも進んでいます。

さらに、近年インドにおいて活発化しているＩＴ（情報技術）産業については職業選択の自由といった概念が最も広がっているとされています。しかしながら、インド人によって起業された著名なＩＴ関連企業の多くは上位カーストの人々によって創業されているとされており、その意味では起業がカーストを超えられるというのは幻想に過ぎないという見方もあります。それだけインドにおけるカーストの問題は様々な面で根深いものがあります。

そして、インドにおけるカーストが関連する問題のひとつに結婚があるとされます。

憲法によってカーストを元にした差別が禁止されているように、異なるカースト間での結婚は認められています。

しかし、ヒンドゥー教徒の結婚については、同じカースト、ないし近いカーストとの結婚が好ましいとされており、結果的に見合い結婚が多いとされます。少し前であれば新聞上に結婚情報を掲載する例がみられたほか、現在ではインターネットを通じたいわゆる婚活マッチングサービスの利用なども拡大しています。ところが、ネット上のサービスでは年齢や職業といった分類のほか、言語や宗教、カーストなどのフィルターを通じてプロフィールの検索ができる模様であり、依然として人々の意識のなかにカーストが根強く残る一例になっていると捉えられます。

漢民族が9割を占める中国の民族問題

インドのカースト同様、少数民族を巡る問題については、実のところ中国にも存在します。中国国民については9割以上を漢民族が占めていますが、残りの1割弱は55もの少数民族で構成されています。

９割以上を漢民族が占めていることも影響して、漢民族は概ねすべての地域に分布している一方、少数民族も同様に多くの地域に分布しているとされます。結果、内モンゴル自治区や新疆ウイグル自治区、チベット自治区、広西チワン族自治区、寧夏回族自治区といったように、少数民族が集中的に分布する地域においては独自の自治区が築かれているほか、県や郷といったレベルでも自治組織が設けられています。

ただし、先に述べたように中国においては共産党を中心とする統治機構が隅々に亘って構築されており、各自治区においても共産党組織が地域を統括する形になっています。共産党や中国政府はすべての民族を平等に扱い、差別と抑圧を禁止するとともに、各民族が有する独自の言語や文字、風俗や習慣といった文化を保証する方針を掲げていますが、現実には高等教育以上においては「普通語（いわゆる中国語）」以外は認めていないといった問題が残されています。

また、習近平政権の下では「中華民族による偉大なる発展」がスローガンとなったことに加え、社会の安定を目的に中華民族の共同体意識を鋳造するためとして少数民族に対する強権も辞さない動きが顕在化しています。

そのなかでは、あくまで生存権や発展権の保証を目的とする社会の安定を実現する観点から、多種多様な主張が安定や発展を阻害するという「中国式人権」に反するとの見方に繋がっているとされます。

結果、共産党にとって政治的、文化的、法的、そして精神的な面で抵抗勢力となり得るすべての対象を敵、ないしカルト集団と見做すとともに、非合法化するといった動きに発展してきたと考えられます。よって、表面的には平穏が保たれる一方、時に中国政府がウイグル族やカザフ族などのイスラム教徒に対して集団拘束や監視、拷問といった人権問題を引き起こしているとして、世界的に問題として取り上げられることに繋がっていると捉えられます。

インドの民族と宗教を巡る差別問題

インドにおいても、国民の大半を占めるのはインド・アーリア人とされていますが、計461もの民族が指定部族（アーディバシー：ヒンディーで先住民族の意味）として認定されています。

さらに、現実には指定部族と認定されている以外にも多数の少数民族が存在しているとされており、全体では少数民族が600を優に上回るとの見方もあります。そして、これらの先住民族が多く居住しているのは同国の北東部、ラジャスタン州から西ベンガル州にまたがる7つの州とされています。

インド政府は2007年に国連先住民族権利宣言に賛成する意思をみせていますが、実態として公式な政府見解を示していないため、度々少数民族に関連した深刻な問題が顕在化するといったことがあるとされます。

さらに、ここ数年は民族と密接に関連した問題として宗教に関連した動きも顕在化しています。憲法では非宗教的国家であることを義務付けるとともに、信仰の自由とすべての個人が宗教を自由に信仰、実践、布教する権利と有すると規定した上で、政府による宗教に基づく差別のほか、様々な施設に対するアクセスを制限することも禁じています（憲法29条）。

インド国民の約8割はヒンドゥー教徒が占めているとされており、それ以外にはイスラム教徒、キリスト教徒、シーク教徒、仏教徒、ジャイナ教徒と続いています。

ヒンドゥー教はインドの民族伝統と深い結び付きを有しており、他の宗教との垣根が低いとされてきました。たとえば、憲法においてはシーク教徒や仏教徒、ジャイナ教徒もヒンドゥー教徒として扱われると定められていますが（憲法25条）、この規定について各教徒はいずれもヒンドゥー教とは別の宗教と認識しており、別々の家族法の導入を求めているほか、法的に各宗教の独自性を求めるべく成文化された法律の制定を求めているとされます。

モディ政権の「ヒンドゥー至上主義」

モディ政権を支える最大与党ＢＪＰは「ヒンドゥー至上主義」を党是に掲げ、その支持母体となっている民族義勇団（ＲＳＳ）の姿勢を反映する形でイスラム教徒を中心とする他の宗教の教徒に対して厳しい姿勢を採る動きがみられます。

先に述べたように、憲法においては信仰の自由とすべての個人が宗教を自由に信仰、実践、布教する権利と有すると規定されていますが、ＢＪＰなどヒンドゥー至上主義を掲げる政党が多数派を占める州では、改宗を制限する旨の法律が定められる動きもあります。

さらに、２０１９年には隣国であるアフガニスタン、バングラデシュ、パキスタンの３カ国を逃れてインドに不法入国した移民に国籍を与える改正国籍法を制定しましたが、その対象を３カ国において宗教的なマイノリティーであるヒンドゥー教とパーリ教、シーク教、仏教、ジャイナ教、キリスト教に限定しており、事実上イスラム教徒の排除を目指したものとみられました。

制定された直後、全土において反対デモの動きが活発化したことを受けて施行は先送りされましたが、モディ政権は２０２４年の総選挙を前にナショナリズムの高揚を目的とする形で施行を決定するなど、様々な形で圧力を強める動きが顕在化しています。よって、モディ政権の下では外形的にみれば民主主義の制度を維持しているものの、その内実を巡っては様々な面で強権姿勢を強めているとの批判が高まる動きもみられます。

そして、インドにおける宗教に関連する問題は時に外交的問題に発展することがあります。

2023年、カナダにおいてインド北部での独立運動を指導していたとされるカナダ国籍のシーク教指導者が殺害される事件が発生しました。カナダ政府はこの事件にインドの外交官の関与が疑われたことを受けてペルソナ・ノン・グラータ（国外退去処分）としたほか、インド政府もインドに駐在するカナダの外交官の減員を要求してカナダ政府が外交官を退去させるなど、両国の対立関係が先鋭化する事態に発展しました。

実は、米国においてもシーク教の指導者の殺害計画にインド人が関わったとして逮捕、起訴されており、米国政府の対応が米印関係に様々な形で影響を与える可能性が高まっています。その意味でも、インドにおける少数民族や宗教を巡る問題は、インド国内だけの問題ではなく、外交関係を通じて世界にも影響を与え得ることを認識する必要があります。

政治体制が中国·インド経済に影響するもの

インドと中国の政治体制を比較すると、中国共産党による一党独裁国家として、あらゆる政策を共産党内の論理のみによって決定することができる中国、民主主義国家として国民の意思が選挙制度を通じて政策運営に反映することができるインド、という点が大きく異なることは間違いないと捉えられます。

このところの世界を巡っては「VUCA（volatility（変動制）、uncertainty（不確実性）、complexity（複雑性）、ambiguity（曖昧性））」といった将来予測が困難な時代に直面しているとされるなか、状況に応じて臨機応変に対応することが必要になっているとされます。

そうしたなか、中国の政治体制はいわゆる「右向け右」といった形で上意下達による政策運営を促しやすく、政策判断と実行のタイムラグを抑えることにより時宜に応じた政策対応がしやすいものと考えられてきました。こうした傾向は、ここ数年のコロナ禍における防疫体制の構築を巡って、中国をはじめとするいわゆる強権国家が当初においてコロナ禍の影響を抑えたようにみえた一因ともされました。

しかし、こうした対応が奏功し得るのは状況に応じて適時適切な対応が採られることに加え、判断を下す前提となる情報、そして、判断そのものも適当であることが不可欠になります。中国では長らく集団指導体制が採られることにより、一人に権限が集中することを避けるとともに、様々な見方をすり合わせることでより適切な判断を下すことを目指したものと考えられました。

ところが、習近平体制の下では習氏一人に権限が集中するとともに、習氏の意見が様々な政策運営に反映される流れがみられるほか、担当者レベルから挙げられる政策も習氏の意見を忖度した内容となり、修正の余地が入りにくいものとなっています。

ここ数年は経済政策の面においてもこうした傾向が強まっており、中国の「特異性」が際立つ動きが様々な面でみられます。その意味では、政策立案から実行までのタイムラグの小ささという利点を生かすことができない一方、不可逆的に修正することもできない難しい状況に陥る可能性が高まっています。

一方、インドの政治体制を巡っては、世界最大の民主主義国家を標ぼうするとともに、複雑な選挙制度や議会制度という国民からの「洗礼」を通過する必要があります。さらに、連邦政府と州政府との関係という複雑さも影響して、政策運営に際しては様々な面で時間を要する体制となっていることは間違いありません。

ただし、14億人という人口規模の大きさに加え、今後も中長期的にみて人口増加が期待されるなど、政策運営の内容によってはプラスの影響を受ける人のみならず、マイナスの影響を受ける人の数も相応に大きくなりやすい傾向を勘案すれば、選挙制度を通じてより多くの人から選ばれた政府が目指す政策運営を採ることの意義は小さくないのが実情であろうと考えられます。

なお、いわゆる開発途上国においては「開発独裁」という形で国家が国民による政治参加を抑制する形で経済発展や近代化を目指す政治体制が採られることが少なくなく、東南アジアや東アジアの国々においてもそうした傾向がみられました。

インドにおいても２０１９年の総選挙を経て誕生したモディ政権の2期目に際しては、与党ＢＪＰが単独で議会下院の過半数を上回る議席を得たこともあり、外形的には選挙をはじめとする民主主義に基づく制度を維持しつつ、実態的には中央政府や与党ＢＪＰ

を中心に強権姿勢を強める動きがありました。先述したイスラム教徒を中心とするヒンドゥー教徒以外に対する圧力を強めてきた動きもそうした一端とみられます。

しかし、2024年の総選挙を経てモディ政権は3期目入りを果たしていますが、総選挙で与党BJPは大きく議席を減らしており、連立を組む政党の議席を併せて辛うじて多数派を維持するなど議会内における勢力図は大きく変化しています。よって、政権2期目の頃のようにBJP内部の論理だけで政策運営を推し進めることは難しくなっているほか、そうした環境は政権による「暴走」の歯止めとなる可能性も考えられます。経済政策の面では連立を組む政党との調整に手間取るとともに、様々な配慮が必要になることから、政策運営を巡っても適時適切に有効な策を打ち出すことは難しくなるかもしれません。

言い方を換えれば、民主主義国家であるインドにとっては、そうしたコストを払いつつ政策運営を行うことの重要性がこれまで以上に高まっていると捉えることもできるでしょう。

第2章　インドと中国　それぞれの強み

製造拠点としての中国

近年における新興国の経済成長が実現した背景には、世界経済が急速にグローバル化の動きを広げるなかで、製造拠点として存在感を高めてきたことが大きく影響を与えたと考えられます。

とりわけ「新興国の雄」とされるＢＲＩＣＳ（ブラジル、ロシア、インド、中国、南アフリカのほか、２０２４年からアラブ首長国連邦（ＵＡＥ）、イラン、エジプト、エチオピアの４カ国が加わった9カ国体制）については、２００１年に当時のゴールドマン・サックス社が公表したレポートにおいてＢＲＩＣｓという造語を用いてこれらの国々に対する注目を示したことで世界的にも注目を集めるようになりました。

これらの国々に共通しているのは、広大な土地と豊富で低廉な労働力による経済成長への期待ということでした。

なかでも中国については、その広大な土地と豊富で低廉な労働力を追い風に、２０００年代以降の世界経済の拡大の動きも追い風に文字通りの「世界の工場」として存在感を高めてきました。

新型コロナが意識させたチャイナ・リスク

その背景には、２００１年に中国がＷＴＯ（世界貿易機関）への加盟を果たし、経済成長の実現を後押しする国際環境を確保するとともに、多国間の制度やルールを一定程度受け入れつつ、国際的には自国の発言力の拡大という効果を得ることができたと捉えられます。

当時は中国がＷＴＯに加盟することにより、中国が多国間の制度やルールを受け入れることによって自発的に国内での改革開放路線を加速化させることが期待されたとされます。

しかし、現実には政府調達における国内企業や国産品に対する優遇措置、事務機器などに関する国家標準の制定、輸出管理法、アンチダンピング（ＡＤ）措置の不適切な運用のほか、補助金や税の払い戻しなどによる企業支援といった手段などを通じて不公正な競争環境を醸成するとともに、結果的にWTO体制の形骸化を招いてしまったとの見方もあり、そのことがここ数年の米中摩擦の背景にあるとされます。

その意味では、中国の経済成長は世界経済の成長可能性を大きく押し上げる一因になったことは間違いない一方、その存在感が大きくなったことにより、既存秩序の「破壊者」と見做される事態に発展していると捉えられます。

しかし、WTOに加盟した後の中国は、先述したように世界の工場という生産拠点としての魅力に加え、経済成長を追い風に消費市場としての魅力が向上したことも重なり、海外からの直接投資の動きが活発化したことで世界的な生産拠点としての魅力が一段と高まったともいえます。

ちなみに、ここ数年は中国事業を巡るリスクが度々警戒される動きがみられ、そうした懸念はコロナ禍やウクライナ戦争を経た世界的な分断の動きが広がるなかでグローバル企業の間で一段と意識されています。

とりわけコロナ禍に際して中国政府が「ゼロコロナ」政策を長期化させたことにより、中国を介する形での世界的なサプライチェーンが突然途絶するとともに、そうした影響が長期化したことは、中国政府による政策運営を巡る「チャイナ・リスク」として意識される一因になったと考えられます。そうした警戒感を反映していわゆる「デリスキング（リスク低減）」を目的とする形で世界的なサプライチェーンの見直しが進められています。

結果、海外から中国への投資が手控えられるとともに、一時的に流出額が流入額を上回るといった動きも顕在化しています。また、世界的に広がりをみせているチャイナ・リスクへの対応の流れについては、第4章において詳細に記したいと思います。

「製造業といえば中国」という環境は未だに続いている？

こうした状況に直面しているとはいえ、2023年末時点における中国のGDPに対する対内直接投資の残高は2割弱と、依然として高い水準を維持しています。こうしたことも影響して、中国のGDPに占める製造業部門の比率は3割弱で推移しており、中国経済においては、製造業が創出する付加価値の比率は依然として高い状況が続いています。

そして、習近平指導部の下では中華人民共和国の建国100年に当たる2049年までの発展計画を掲げており、第1段階として2025年までに世界の製造強国入りを果たす（いわゆる「中国製造2025」）、第2段階として2035年までに世界の製造強国の中位に、第3段階として2049年には世界の製造強国のトップになるという壮大な目標となっています。

したがって、「製造業といえば中国」という環境をこれまで以上に理想に掲げていることは間違いないと捉えることができます。

3期目の習近平政権が掲げる方針

習近平指導部は2022年の共産党大会（中国共産党第20回全国代表大会）を経て異例となる3期目入りを果たしましたが、2024年に中長期的な経済政策の運営方針を討議するために開催された3中全会（中国共産党第20期中央委員会第3回全体会議）にて、戦略産業に新世代情報技術、人工知能（ＡＩ）、航空宇宙、新エネルギー、新素材、ハイエンド機器、バイオメディカル、量子技術といった分野を挙げています。

国連機関である世界知的所有権機関（ＷＩＰＯ）によれば、２０１４年から23年までの中国による生成ＡＩ関連の特許出願数は３・８万件を上回り世界１位となっており、世界２位の米国の６倍以上に上るとされています。

また、航空宇宙分野においても世界で唯一月の裏側に探査機を着陸させることに成功するとともに、岩石などの試料（サンプル）を採取して地球に帰還させるなどの取り組みが進んでいます。

一方、世界的な分断によって「対中包囲網」とも呼べる動きが広がりをみせるなかで、中国は欧米などと異なる経済発展モデルである「中国式現代化」を実現させるべく、高質量発展（高い質の発展）と新質生産力（新たな質の生産力）を重視しつつ、その実現に向けてサプライチェーンの強靭化や安全レベルの向上を図るなど国家の安全を重視する考えがあらためて強調されました。

そうした意味でも、中国は世界的な製造業の拠点としての存在感を維持することを求めているると捉えられるでしょう。

モディ政権と伸び悩むインドの製造業

さて、読者の皆さんの間ではインドで製造業といわれてもあまりピンと来ない方が多いかもしれません。

しかし、2014年に行われた総選挙において、モディ氏は選挙公約に「メイク・イン・インディア」というスローガンを掲げるとともに、製造業を中心とする海外からの直接投資を受け入れるほか、インド企業の間にも製造業企業の創設を奨励することにより経済成長の実現を目指す方針を示しました。

こうした経済重視の姿勢を追い風に総選挙で勝利したことにより、BJPは政権奪取を果たしました。したがって、モディ政権にとって製造業の振興は切っても切ることができない経済政策と捉えることができます。

なお、モディ首相は2024年までにGDPに占める製造業の割合をそれまでの15%

から25％に大幅に引き上げるという目標を掲げました。しかし、現実にはモディ政権が誕生して以降におけるインドのＧＤＰに対する製造業比率は低下しており、２０２３～２０２４年度時点においても14・３％に留まっています。これは農林漁業の比率（17・7％）をも下回る水準に留まっており、インドにおいては依然として製造業が充分な付加価値を上げることができていないことを示しています。

このように、足下の状況は政権が掲げる目標にほど遠いといえます。それでもモディ政権は、この目標実現に向けて国内産業の保護と高付加価値化を推進するとともに、インドに進出する外資企業に対して様々な分野を開放した上で、投資を積極的に誘致すべく、法人税の引き下げのほか、国内生産の促進を目的とする生産連動型奨励金（ＰＬＩ）といった補助金による優遇策を実施しています。

こうした取り組みに加えて、ここ数年はいわゆる「チャイナ・リスク」を警戒する形で世界的にサプライチェーンの見直しの動きが広がりをみせるなかで、中国に代わる生産拠点として中国に地理的に近いＡＳＥＡＮ（東南アジア諸国連合）、そしてインドに注目する動きがみられます。こうした環境の変化も追い風に、インドには様々な外資企業が投資を行う計画を発表しています。

しかし、インドにおける対内直接投資の残高については、一時はコロナ禍による経済規模の縮小も影響して２割弱に上昇する動きがみられましたが、２０２３～２０２４年度末時点においてＧＤＰ比で15・３％に低下しており、先述したように２割弱に上っている中国との間には依然として差があります。

とはいえ、このところの米中摩擦の激化を受けた世界的なサプライチェーンの見直しの動きはインドにとって追い風になっているほか、インド企業のなかにはその風に乗る向きもみられます。そうした環境を活かすことができれば、長い目でみてインドにおける製造業のすそ野が広さ、厚さの両面で存在感を高めていく可能性を秘めていると考えることができるでしょう。

インドが「ＩＴ大国」と称されるまでの道のり

近年のインドに関するイメージを問われた時、「ＩＴ」をイメージされる方も少なからずいらっしゃるのではないでしょうか。

実際、日本に住んでいるインドの方々についてもＩＴ関連企業でエンジニアとして勤めていらっしゃる方が多く、その子息が通う学校では数学や理科といった理数系科目を重点的に教育するシステムが構築されています。書籍やテレビの特集などでは、一時「インド式数学」といった言葉をよくみかけたことを記憶されている方がいらっしゃるかもしれません。

なぜ、インドが今日のように「ＩＴ大国」と称されるようになったのでしょうか。その背景には、１９９１年に実施された経済の自由化の動きと切っても切り離すことができない経緯があります。

それまでのインドでは社会主義に基づく経済政策が採られるとともに、外交や経済面では旧ソ連と深い結び付きを有してきました。しかし、冷戦終結を経て最大の輸出相手であった旧ソ連の経済が行き詰まりをみせるなかで外貨の獲得が難しくなる一方、湾岸戦争をきっかけにした原油価格の高騰を受けて外貨不足に陥るとともに、財政状態も急速に悪化する事態に直面しました。

結果、当時のラーオ政権はシン財務相（後の首相）が主導する形で「新経済政策」と称する経済改革に動き、それまでの社会主義を基にした計画経済体制から経済の自由化に舵を切ることを決定しました。

それまでのインドを巡っては、社会主義に基づく計画経済という制度面での障壁に加え、俗に「ヒンドゥー景気」と揶揄されたように経済成長が芳しくない時代が長きに亘っていたことも重なり、欧米などのグローバル企業はインドへの進出には前向きではない時代が続いてきました。

しかし、新経済政策による経済の自由化を通じて制度面での障壁が取り除かれたことに加え、インド経済を取り巻く環境が大きく変化すると期待されたこともあり、多くのグローバル企業がインドに進出する動きが広がりました。また、インドは英語が準公用語であるなど欧米企業にとっては言語的な障壁が低いこと、時差の問題から欧米にとっては「業務時間外」に業務を進めることができることも重なり、１９９０年代にはコスト抑制を進める観点からコールセンターをはじめとするアウトソーシングビジネスが活況を呈する動きに繋がりました。

さらに、新経済政策の下では、インド工科大学（ＩＩＴ）をはじめとする数多くの高等教育機関や研究機関を設立するとともに、理数系教育の高度化に向けた取り組みを推進させるなど、教育政策についても大転換が図られました。

結果、インド国内において数多くのエンジニアが誕生したことを受けて、インドに進出したグローバル企業はインド人エンジニアとのコンタクトを増やすことが可能になりました。

なかでもインド人エンジニアの存在感が世界的に注目されるきっかけとなったのが、コンピュータを巡るいわゆる「西暦２０００年問題」への対応です。米国を中心とするグローバルなコンピュータ関連企業は膨大なプログラムの書き換えを迫られるなか、コストや時差の問題に加え、単純なアウトソーシングではなく、開発プロセスの改善をも統合したＢＰＯ（ビジネス・プロセス・アウトソーシング）が活発化したことにより、ＩＴ産業におけるインドの存在感が大きく向上しました。

カーストが絡むエンジニア間の激しい競争

そうした背景には、高等教育機関において多数のエンジニアが誕生しているなかで、インド国内のエンジニア間の激烈な競争が展開されていることも影響しているとされます。さらに、グローバル企業が集積した南部の都市ベンガルールにおいてはインド発のITベンチャーが多数誕生するなど「第2のシリコンバレー」とも称されているほか、これらのITベンチャーはすでに大企業に育って世界的な企業となる動きもみられます。今やBPO関連で世界的に活躍するインドのIT企業は多数に上っていますが、その大半がいわゆるB to B（企業間取引）ゆえに一般的に知られていませんが、日本においても事業を展開、拡大させるなど存在感を高めています。

実は、インド人エンジニアにおける競争が激化している背景には、カーストの存在も大きいとされています。

第1章で述べたように、元々カーストは職業と強い結び付きがある制度とされていますが、ITに関連する分野についてはカーストと関係が乏しく、結果的に実力主義に基

「インドのシリコンバレー」と呼ばれるベンガルールの街並み（写真：mauritius images／アフロ）

づいた評価がなされ、結果的に競争の厳しさに繋がっているとされています。

ただし、カーストとＩＴ産業との関わりについては研究者の間でも議論が大きく分かれているところである上、すでに有名な大企業となっているＩＴ企業の創業者の多くは高いカーストの出身者で占められていることを勘案すれば、単純に「ＩＴ産業＝実力主義」と片付けることは難しいのが実情でしょう。

とはいえ、インド国内には３０００を優に上回る工科大学や大学の工学部が存在しているとされ、ＩＩＴを頂点とするヒエラルキーのなかで優秀なエンジニアの卵が毎年多数生まれる環境が築かれています。

特に、IIT出身者はインド人エンジニアの上位1%とされるなど、多数のなかでし烈な競争を勝ち抜いた猛者とされる上、新たなテクノロジーなどに対してもどん欲に取り組む特徴があるとされるなか、日進月歩のIT産業において存在感を示していると考えられます。

デジタル・インディア

モディ政権の下では「デジタル・インディア」と称する政策を推進していることも、IT産業のすそ野拡大を後押ししています。

インドでは2009年に全国民に12桁の固有番号を付与するいわゆる「マイナンバー」に当たるアーダールが導入されたほか、2010年には身分証となる「マイナンバーカード」に当たるカードの発行が開始されたことにより、戸籍制度などが未整備ゆえに公的な本人証明書類を持たない貧困層なども銀行口座の開設が可能になるなど、金融包摂を後押ししたとされます。

さらに、2016年にはアーダールと連携する即時決済システムであるUPI（統合決済インターフェース）の運用が開始されており、近年のスマートフォンの普及も追い風に原則的に手数料なしで送金が可能になっているほか、UPIを通じたキャッシュレスの普及も進んでいます。そして、アーダールに連携される形で公的書類をクラウド上に保管するほか、電子署名といった機能も追加されるなど、デジタル化の分野では日本の遥か先を行っているところも少なくありません。

こうした分野ではインド発のスタートアップが新たなサービスを提供するとともに、社会変革を巻き起こす原動力になっているとされます。

確かに、現時点においてもインドにおける貧困比率は1割を大きく上回っているとされるなど、IT大国となっている背後で貧富の格差が拡大する動きがみられることは間違いありません。

しかし、IT産業が様々な分野に根付いていることに加え、スタートアップの出現によって新たなサービスが提供されることにより貧困救済の一助となる動きもみられます。

その意味では、今や日本の方がインドに学ぶところが多くなっていることは間違いなく、インドと協力しながら日本が直面する課題を解決するという視点もこれまで以上に必要になってきていると考えられます。

コロナ禍で注目を集めたインドの医薬品産業

２０２０年からのコロナ禍に際しては、全世界的に新型コロナウイルス向けワクチンに対する需要が高まる動きがみられましたが、そのなかでインドの医薬品産業、とりわけ製薬メーカーの重要性があらためて認識されました。

コロナ禍前においては、世界のワクチン生産の約６割を占めるなど存在感が極めて高いことに加え、その生産コストの低さゆえに単価も低く抑えられたことも重なり、コロナ禍を経てあらためてインドの医薬品産業の重要性が確認されたといえます。

インドの医薬品産業が大きな存在感を示している背景としては、１９７０年に制定された特許法において医薬品に関する特許基準が緩かったことが度々指摘されています。

いわゆる「1970年特許法」においては、新規化合物そのものに対して付与されるのみならず、製法の違いにもかかわらず保護される「物質特許」を認めない旨の規定が定められました。その結果、新規化合物と同じ物質を異なる製法により低コストで作り出すことが可能となっており、そうした考え方を基にジェネリック医薬品（後発医薬品）が生まれる土壌が築かれました。

そして、先述したようにインドにおいては理数系教育が強化されてきたことも重なり、化学や薬学といった医薬品産業に資する人材が豊富に排出されてきたことも、医薬品産業が興りやすい環境を大きく後押ししたと考えられます。

こうしたことは、新発薬の研究開発に莫大なコストがかかることも影響して、インドの医薬品メーカーは世界的にみても研究開発が立ち遅れている状況にも拘らず、インド国内においては新発薬と同じ効能を有するジェネリック医薬品として早期に導入されてきたことに現れてきました。

ただし、こうしたジェネリック医薬品をテコにした医薬品産業の勃興を巡っては、海外の新発薬メーカーなどを中心に、海外製品の模倣に拠る繁栄に過ぎないとの見方のほか、優秀なインド人科学者の能力が技術革新や発明に向けられるのではなく、特許の模倣に活かされているに過ぎないと揶揄する向きもみられました。よって、インド国内におけるこうした海外からの見方に対する反発が１９９１年に経済の自由化に舵を切る動きや、それに伴う法改正などの動きに影響したとみられています。

なお、特許法についてはその後、インドのＷＴＯへの加盟に際して２００５年に改正されており、いわゆる「２００５年特許法」においては物質特許制度が再び導入されています。ただし、すでに作られた化合物の二番目以降の用途の発見などに対する特許を認めないとする不特許事由が強化される内容が盛り込まれているため、その後もインド国内においてはジェネリック医薬品を生産することが可能となっています。こうしたことも、インド国内では多数のジェネリック医薬品メーカーが登場することに繋がったと考えられます。

日本も抱える原薬輸入への依存という課題

しかし、コロナ禍ではインドの医薬品業界にとって想定外のボトルネックが顕在化する事態となりました。それは、インドの医薬品業界はジェネリック医薬品の原料となる原薬を主に中国からの輸入に依存していたことがあります。

元々インドでは政府が主導する形で原薬の国産化が進められており、１９９０年代にはインドは世界的な原薬供給国として存在感を示していたとされます。ただし、その後は政府の政策転換なども影響して原薬を製造するメーカーが製剤メーカーへ転身する動きが加速したほか、中国が安価に原薬を生産するとともに、世界に輸出する動きを活発化させたことも重なり、インド国内における原薬生産は停滞を余儀なくされ、原薬を輸入に依存する結果を招いたとされます。

こうした事態を受けて、モディ政権は先述したメイク・イン・インディアを下支えする一環として、国内生産の促進を目的とする生産連動型奨励金（ＰＬＩ）の対象分野として原薬をはじめとする医薬品に広げるとともに、医薬品のサプライチェーンの強靭化に取り組む動きをみせています。

さらに、医薬品を対象とするPLIについては、バイオ医薬品のほか、元々複雑な新発薬に対応した開発・製造が難しいジェネリック医薬品（コンプレックス・ジェネリック）を対象とする投資を奨励する動きをみせており、インドの製薬業界全体でのイノベーションを促す動きもみられます。

実のところ、日本の医薬品産業を巡っても、様々な原薬を海外からの輸入に依存する状況が続いており、その点ではインドの医薬品産業と同じ課題を抱えています。このところの日本においては、様々な医薬品の供給不足が顕在化する動きがみられるほか、その原因のひとつとして原薬不足が挙げられています。

よって、両国の医薬品産業の結び付きが強まるとともに、サプライチェーンの共存、安定化を図るほか、イノベーションの分野においても協働する環境が整えられることは、両国経済のみならず、両国における医薬品の安定供給を通じた国民福祉の向上に繋がることが期待されます。その意味において、インドの医薬品産業は成長産業としてインド経済をけん引する分野であるのみならず、日本経済にとっても新たな日印関係を築くひとつの足掛かりとなる可能性を秘めていると捉えられるでしょう。

中・印両国がしのぎを削る自動車産業

中国とインドの両国がしのぎを削る分野に、自動車産業があります。中国の自動車生産台数は２００８年に米国を追い越して世界第1位となり、その後も一貫して世界一の地位を維持する展開が続いています。

一方、インドの自動車生産台数は２０００年時点では世界第15位に留まりましたが、その後の経済成長も追い風に順位も大きく上げています。２００８年には世界第10位と10傑入りし、２０１６年には韓国を抜いて世界第5位に、２０１８年にはドイツを抜いて世界第4位入りを果たしました。しかし、２０２０年にはコロナ禍に際してインドは世界的な感染拡大の中心地となるとともに、経済活動の停滞を余儀なくされたことで一旦は順位を落としましたが、２０２２年に再び世界第4位に返り咲きを果たしています。

ちなみに、２０２３年における生産台数の多い国を順に並べると、中国（３０１６万台）、米国（1061万台）、日本（900万台）、インド（585万台）となっており、GDPの規模に近い並びになっていることがわかります。そして、販売台数ではインドはすでに日本を追い越して世界第3位となっています。

よって、新興国を中心とする高い経済成長が中国とインドの自動車産業の追い風になっているといえます。

中国の自動車産業を取り巻く環境は厳しい

中国の自動車産業を巡っては、元々は改革開放路線の下で国有企業と外資企業との合弁事業が活発化されたことにより、海外の技術と資本を引き受けることが発展のきっかけとなりました。

さらに、2001年のWTO加盟により関税が引き下げられたことに加え、中国国内における競争激化の動きも追い風に販売台数が拡大したことが生産を押し上げるとともに、2008年には世界最大の自動車生産国となりました。そして、習近平指導部の下で進められている「製造業強国」に向けた取り組みのなかでは、自動車産業として電気自動車に関連する技術や先進運転支援システム（ADAS）といった分野への重点化が図られています。

電気自動車についてはエンジン（内燃機関）車に比べて必要とされる部品点数が大幅に少ないこともあり、その参入障壁が比較的低いとされています。先述したように中国の自動車メーカーは元々国有企業と外資企業の合弁企業が多くを占めていたものの、こうした事情も影響して中国国内で他業種からの参入の動きが活発化するとともに、競争が激化する動きもみられました。

そして、習近平指導部が主導する産業政策を追い風とした補助金をはじめとするインセンティブ付与に加え、雇用創出を期待する地方政府も補助金などのインセンティブを付与する動きをみせてきたため、結果として中国国内には多数の自動車メーカーが誕生するとともに、生産能力の過剰が懸念される状況に陥っています。

このところの中国経済を巡っては、コロナ禍に際して習近平指導部が長きに亘って「ゼロコロナ」に拘泥する戦略を維持したことに加え、そのことが尾を引く形で経済活動の

中国総合家電大手シャオミが発表した電気自動車（写真：ロイター/アフロ）

正常化が図られた後も若年層を中心とする雇用回復が遅れる展開が続いています。この結果、自動車を最も需要することが期待される若年層の間で自動車に対する需要が高まりにくくなっており、需要を喚起する観点から当局は補助金や減税などのインセンティブを付与せざるを得なくなっているほか、メーカーも価格競争に追い込まれる展開が続いています。

一方、中国国内における需要の伸び悩みをカバーする観点に加え、世界的な電気自動車に対するニーズの高まりも追い風に中国メーカーは輸出を拡大させており、2023年には中国の自動車輸出台数は日本を追い越して世界第1位となるなど躍進を果たしています。

ただし、先述したように中国国内においては様々な形で付与される補助金などを追い風に電気自動車の生産が大幅に拡大していることを受けて、海外においてはこうした動きがダンピング（不当廉売）に繋がっているとの見方が広がっています。さらに、中国国内における過剰生産設備が世界的な需給バランスの悪化を招くとの懸念のほか、先進運転支援システムを巡っては収集される情報やデータに関連して経済安全保障観点から懸念が呈される動きもみられます。

製品価格が低く抑えられている背景には、部材や素材の生産を巡って強制労働を疑問視する向きもみられます。こうしたことに加え、ここ数年の米中摩擦により米国は中国からの電気自動車の輸入に高関税を課しているほか、電気自動車を推進してきたEU（欧州連合）も自動車メーカー別に電気自動車の輸入に関税を課す動きが広がりをみせています。

中国の自動車メーカーにとっては輸出を取り巻く環境は厳しさを増しており、米中摩擦などの行方によって一段と困難さが増すことも考えられます。

中国国内においては様々な政策支援も追い風に電気自動車の普及が進んでおり、足下においては新車販売台数の3分の1以上を電気自動車が占めています。さらに、中国政府は2035年までにこの比率を半分にまで引き上げる目標を掲げていますが、その前倒しをも目論む動きをみせています。

一方、電気自動車にはバッテリーを巡る問題（充電時間、車載電池の劣化、コスト）の解消を図るべく、中国ではBaaS（バッテリーのサービス化）事業も急速に進展しているほか、課題とされる農村部での充電インフラの拡大も進められています。

そして、その先には電気自動車の輸出を目論む動きもみられますが、先述したように欧米などでは中国製電気自動車に対する「包囲網」とも呼べる動きが広がりをみせており、思惑通りに事が進むかは見通しにくくなっています。

インドの自動車業界で重要な役割を果たしたスズキ

一方、インドの自動車産業を巡っては、長らく社会主義に基づく混合経済体制に加え、インド企業に対する保護主義的な政策が採られてきたことで外資企業の撤退が相次いだ結果、国産メーカーによる寡占構造が続いてきました。

しかし、1981年にインド政府とスズキが合弁会社であるマルチを設立したことが転機となるとともに、投資規制が緩和されるなど保護主義政策が徐々に解除されました。さらに、1991年の経済自由化を受けて外資企業による参入規制も緩和されるなど自動車産業を取り巻く環境も大幅な変化を余儀なくされました。

なお、現在においてもマルチ・スズキ・インディアのシェアは半分近くを占めるなど圧倒的な存在感を示しており、日本の自動車メーカーであるスズキがインドの自動車産業に果たしてきた役割は極めて大きいことがわかります。

ただし、近年のインドにおいては大都市部を中心に深刻な大気汚染問題が顕在化しており、その背景には自動車の爆発的な普及による排気ガスの急拡大が影響しているとされます。そうしたなか、インドにおいても電気自動車を推進する動きが活発化しており、インド政府は2030年までに商用車の7割、自家用車の3割、二輪車と三輪車の8割を電気自動車にする目標を掲げています。

この背景には、先述したように大気汚染問題への対応が喫緊の課題となっていることに加え、コロナ禍を機にモディ政権が掲げた「自立したインド（Self Reliant India）」というスローガンの下で輸入依存の低減を通じた経済安全保障の確保やグローバルサプライチェーンにおけるインドの生産・輸出拠点としての地位向上を図るという産業政策も追い風になっています。加えて、インド政府は２０４７年までにエネルギー分野の自立を実現すべく、再生可能エネルギーの導入・拡大による国際競争力の向上を図る目標を掲げており、電気自動車の普及はそうした動きを側面から支援することが期待されています。

その実現に向けて、モディ政権は先述しているメイク・イン・インディアを下支えする一環として、国内生産の促進を目的とするＰＬＩの対象分野として電気自動車や自動車部品関連としてリチウムイオン電池などを指定しており、これらの生産に必要な原材料や部品、製造機械などに対する輸入関税を免除するとともに、国産化を後押ししています。

また、自動車産業が集積している州などが独自にメーカーに対する支援を強化しているほか、大気汚染が深刻な州が購入促進を目的とする支援を強化するなど、中央政府と共同歩調を取る形で電気自動車の生産、普及の両面から支援を進めています。

現代においても海外からの技術導入が課題

こうした政府による支援も追い風に、インド国内においても電気自動車の生産が推進されていますが、インドについてはソフトウェアの面で活用が広がる分野は強いとされる一方、モノづくりの面では依然として海外からの技術導入が不可欠な状況にあります。そのため、インド企業にとってはとりわけバッテリーの分野で一日の長がある中国企業のほか、日本や韓国、欧米などの海外の企業などとの協力が必要になります。しかし、インドでは経済安全保障の観点から中国と距離を置く姿勢を強めており、そのことが中国企業との協力を難しくさせる動きがみられます。

その意味では、経済成長と経済安全保障とのバランスを如何に取るかが今後の自動車産業の成長のカギを握ると考えられます。

さらに、もうひとつの課題となっている充電インフラの拡充を巡っては、政府が主導する形で大通り沿いやショッピングセンター、政府の施設、一般の駐車場などに誰もが利用可能な公共充電ステーション（ＰＣＳ）の設置を２０３０年までに大幅に拡大する計画を発表しています。それ以外にも、多くの民間企業も充電インフラの整備に取り組む動きをみせており、関連するスタートアップ企業も出現するなど産業の在り様にも影響を与える大きなうねりが生まれています。

中国経済が以前のような力強い成長力を失いつつあるなか、インドについては「これから」という期待に加え、家計消費をはじめとする内需が経済成長のけん引役となり、経済成長を追い風とする所得の増加も自動車に対する需要を押し上げることが期待されます。

需要の拡大が見込まれるなかで、自動車産業にとっては生産技術の向上を通じた供給力の拡大を図ることができるか、大きな岐路に立っていると考えられます。

中国の民間企業と国有企業

中国の大手企業を巡っては、近年はIT関連企業が存在感を急速に高める動きをみせています。

事実、上場している中国企業の時価総額の上位には、SNS（ソーシャル・ネットワーキング・サービス）最大手の騰訊控股（テンセント）のほか、ネット通販最大手のアリババ集団、検索大手の百度（バイドゥ）といったIT関連企業が名を連ねています。これらの企業は中国国内のみならず、世界的に事業を拡大させており、当然ながら日本においても目にする機会が増えていることと思います。

一方、中国では依然としてインフラ関連や金融をはじめとする国有企業の存在感が大きいほか、習近平指導部の下では様々な経済活動への共産党の関与が強化される動きがみられるなかで、いわゆる「国進民退」と称される動きが広がりをみせています。

こうした動きは民間企業の活力を阻害することが懸念され、国有企業を重視する政策運営が採られるとともに、習近平指導部の下では重点分野の企業に対して多額の補助金が投下される動きもみられ、企業活動を巡って規律が失われているとの見方もあります。その意味では、今後は各企業と共産党・政府との関わりが事業活動などに影響を与える可能性に留意する必要性が高まっていると考えられます。

財閥の存在感が大きいインド

一方、インド企業においては財閥の存在が極めて大きく、その歴史はイギリスによる植民地時代に遡るとされます。インドにおいて財閥の存在感が大きい背景には、相続税がないことが影響しているとされます。正しくは、富裕層の海外移住を阻止することと、相続税の掛かる国に移住した富裕層の呼び込みを目的に相続税が廃止されており、その結果として同族企業が育ちやすい環境になっていることが挙げられます。

現在は三大財閥（タタ、ビルラ、リライアンス）のほか、これら以外にも様々な財閥が存在しており、祖業から事業を多角化する形でコングロマリット（複合企業）化が進められてきました。

ただし、三大財閥のうちビルラとリライアンスについては一族のなかでの相続の問題で複数の財閥に分かれており、唯一タタのみが単一財閥として存在している状況にあります。

タタ財閥はインド国内のみならず、世界的にも積極的なM&A（合併・買収）を展開しており、事業領域のみならず事業地域も急速に拡大させています。2024年現在におけるグループ内の主要な事業は10業種になりますが、その中核となる事業は情報技術サービス、自動車、製鉄、電力の4つになります。

タタ以外の財閥も国民生活に影響を与える幅広い事業を展開しており、インド経済にとって財閥は切っても切り離すことができない存在です。また、外資系企業によるインドへの進出に際しては単純出資が困難な分野が多数あるなか、そうした分野においては財閥との合弁によって事業が展開されています。その意味では、インドへの事業展開を模索する企業にとっては、タッグを組む財閥との相性がインド事業を占うカギを握ると捉えることができます。

インドの経済格差と政財癒着

その一方、財閥の存在は社会経済格差の象徴となる動きも顕在化しており、経済成長の背後でそうした問題が一段と深刻化しています。

2024年にリライアンス・インダストリーズの総帥（会長）であるムケシュ・アンバニ氏の次男（アナント・アンバニ氏）の結婚式が開かれましたが、その際に掛かった費用が総額で6億ドルに達したとの報道がなされるなど、インドの社会経済格差の象徴として批判を集める事態に発展しました。

また、モディ政権の下でインド経済は高い経済成長を実現する一方、その背後ではモディ首相に近しい人物がいわゆる「政商」として存在感を示すとともに、財閥化する動きが確認されるなど、新興財閥が勃興する動きもみられます。

2023年にインド株式市場を大きく動揺させたいわゆる「アダニ問題」の発端となったアダニ・グループを巡っては、その創業者であるゴータム・アダニ氏がモディ首相と同じ西部グジャラート州出身であるなど同郷であり、モディ氏が同州首相であったこ

「アダニ問題」で抗議するインド国民（写真：AP／アフロ）

とから関係が深く、モディ氏が政治キャリアを駆け上がる流れと軌を一にする形で事業拡大を果たしてきたため、政官財の癒着の構図が疑われてきたことがあります。

近年はインドにおいても貧困率が低下する動きはみられますが、それ以上に財閥企業への富の集中が進む動きもみられ、そうしたなかで相続税の再導入が度々俎上に上る動きもみられます。

今後も財閥が幅広い経済活動を牛耳るインド型の経済体制が維持されるのか、それとも変化を余儀なくされるのか、インド経済の在り様にも影響を与えることが予想されます。

第3章　中国経済の「停滞」とインド経済の「弱点」

胡錦濤政権時代の「アキレス腱」

このところの中国経済を巡っては、深刻化する不動産市況の低迷が景気の足かせとなる動きがみられます。

ただし、この前提として、近年の中国経済が不動産投資に過度に依存する形で高い経済成長を実現してきたことに留意する必要があります。なお、過去にも中国においては度々不動産不況に陥ることが懸念される場面がみられましたが、その度に当局の政策支援によって事態悪化を回避する展開が続いてきました。

２０００年代以降の中国経済は、新興国の雄であるＢＲＩＣＳの筆頭格として文字通りの高い経済成長を実現する一方、そうした経済成長をけん引してきたのは安価で豊富な労働力を背景にした輸出（外需）が中心でした。しかし、２００８年のいわゆる「リーマン・ショック」をきっかけにした世界金融危機に際しては、それまでの世界的なカネ余りを追い風に世界の隅々に行き渡っていたマネーが一転して収縮する事態を招き、結果的に世界全体に深刻な悪影響が出る事態に発展しました。

よって、中国経済も世界経済の減速を受けた輸出の低迷に加え、中国国内における信用収縮の動きが幅広い経済活動の足かせとなる事態に直面しました。

その際、当時の胡錦濤指導部は４兆元（当時のレートで約57兆円）という大規模な景気対策に舵を切る方針を明らかにし、地方や農村部におけるインフラ投資の拡充や企業に対する減税など幅広い景気下支えに動きました。ただし、４兆元という数字ありきで進められたことに加え、党中央の号令に従う形で国有企業や地方政府レベルなどにおいては景気対策合戦の様相を呈する動きが広がりをみせました。

なお、当時の中国のＧＤＰの規模は日本のＧＤＰの規模とほぼ同じであり、そうしたなかでそれだけの巨額の景気対策に動いたこともあり、中国経済は文字通りの「Ｖ字回復」を遂げることに成功しました。さらに、世界経済が減速感を強めるなかで中国経済がいち早く立ち直りの動きをみせたこともあり、世界経済は一段と中国経済に対する依存を強めることに繋がったと捉えられます。

ただ、胡錦濤指導部は４兆元という規模を前面に押し出した形での「大号令」をかける一方、実際にはその数倍に及ぶ資金が景気刺激に用いられたとされています。その上、早期の景気回復を実現させるべく、国有企業や地方政府は目に見える形でその効果が現れやすい投資活動を重点化させる動きをみせるとともに、その実現に向けた資金調達を活発化させました。

その結果、中国国内においては生産設備や在庫のほか、それらを裏打ちする形で増大した債務が過剰状態に陥ることとなり、その後の中国経済にとっての「アキレス腱」となることが懸念される事態となりました。

習近平政権では問題の先送りが続いてきた

そうしたことから、その後を継ぐこととなった習近平指導部の下では、当初は生産設備や在庫、債務の過剰状態の解消による経済の安定化を図るべく「デレバレッジ」が推進されました。さらに、経済成長のけん引役を外需から内需に、内需のなかでも投資から消費にシフトすることを目的とする政策転換も図られました。

こうした背景には、習近平指導部が中国経済の安定によって共産党体制の安定を図ろうとしたものとの思惑がうかがえます。しかし、現実には景気減速懸念が高まる度に、財政出動や金融緩和に依存する対応が続けられてきたほか、生産設備や在庫、債務の過剰感の解消は進まず、問題の「先送り」が図られてきたといえます。それだけ構造問題の解消を図ることはハードルが高いと捉えることもできます。

さらに、金融市場においては常に「カネ余り」の状況が続いたことに加え、近年の経済成長も追い風に家計部門の間にはいわゆる「財テク」の動きが広がるなか、株式や不動産といった資産市場に資金が流入する動きが活発化してきました。ただし、株式市場については、世界金融危機以前に一度バブル的な上昇とその崩壊に見舞われたほか、２０１５年から翌16年にかけてのいわゆる「人民元ショック」前後においてもバブル的な上昇とその崩壊を体験しています。

なお、株価の下落局面においては政府系ファンドや公的年金、国有金融サービス会社、国有企業などで構成されるいわゆる「国家隊」によるＰＫＯ（価格維持政策）による介入が行われる動きがみられました。しかし、そうした動きも現実には時間稼ぎの域を超えることはなかったと考えられます。

よって、これらのバブル崩壊を体験した中国の方にとっては、株式市場は「博打」的なものとの認識が少なからずあると考えられます。

中国「不動産不況」の実相

一方、不動産については一貫して上昇する局面が長期に亘ってきました。その背景には、中国における不動産の特殊性も影響していると考えられます。それは、共産主義国家である中国においては不動産の所有権は認められておらず、その用途に応じて使用権の年限が定められており、工業用地は50年、商業用地は40年、住宅用地は70年とされています。工業用地の使用権については比較的低価格で取引される一方、商業用地と住宅用地については市場において価格が設定されています。

なお、不動産使用権の売却収入は独自財源の乏しい地方政府にとっては重要な財源となっています。

よって、地方政府にとっては党中央などから度々要求される景気対策に際しての「打ち出の小槌」ということになります。こうしたことから、地方においては財源確保の観点から不動産使用権が大量に売却された結果、供給過剰状態に陥る動きもみられました。しかし、不動産使用権の価格が下落すれば、結果的に地方政府にとっては財源が減少するとともに、そのことが政策実現の足かせとなることが懸念されます。こうしたことから、多くの中国の人たちが不動産価格に対して「暗黙の政府保証」が存在するとの見方に繋がった可能性が考えられます。

しかし、コロナ禍という未曽有の事態に対して、中国では長期に亘って「ゼロコロナ政策」が採られたことで景気に深刻な悪影響が現れました。実のところ、コロナ禍前から中国国内においては建設途中で工事が中断する物件が多数発生していましたが、その背景には中国特有の不動産取引慣行が影響しているとされます。

中国では、購入者が物件の完工前に代金の一部を前払いする事前販売制（プレセール）が一般的とされています。この制度では、開発企業は受け取った資金を新たな投資に回すことができるなど、開発企業は需要を上回る形で投資を行うことができました。

しかし、こうした仕組みが過剰投資を招く一因になっていることを警戒した当局は、コロナ禍の最中の2020年8月に不動産開発を対象とする銀行融資規制（三道紅線）の実施に踏み切りました。その結果、銀行融資に依存する不動産開発企業は資金繰りに窮するとともに、倒産の動きが広がることとなりました。

その余波は不動産大手の恒大集団が債務不履行（デフォルト）に陥る事態に発展したことで、不動産業界のみならず、同社が多角化を進めてきたことも相俟って他の業種にも幅広く悪影響が広がる事態となりました。そして、資金繰りに窮した開発企業は建設工事の休止に追い込まれ、事前販売制に基づいて前払い金を支払った購入者は物件を受領することができない一方でローンの支払いを迫られることとなり、ローンの支払いそのものを拒否する動きが広がるなど社会問題化しました。

こうした事態を受けて、当局は不動産開発企業に対する資金支援を実施しましたが、不動産需要の低迷を受けた価格下落が進むなかで「いたちごっこ」の状態となっています。

この不況は序の口なのか

コロナ禍の影響が一巡した後も若年層を中心とする雇用回復が遅れており、不動産需要のボリュームゾーンである層の所得が安定しないなかで需要が下振れする展開が続いています。

当局は不動産の過剰在庫の解消を目的として、資金支援のほか、地方政府による不動産在庫の買い戻し、規制緩和による住宅需要喚起などの取り組みをみせています。

しかし、２０２３年末時点における不動産在庫は２０２３年の不動産販売戸数の６・６年以上分に達すると試算されており、これだけの規模の在庫の解消にはそれ相応の時間を要することは避けられません。

さらに、新築住宅に対する価格下落を受けて中古住宅は下げ止まりの兆しがみられず、銀行セクターでは不動産を担保にした融資が多額を占めるなかで担保評価の下落を理由に融資態度が悪化することが避けられなくなっています。その上、家計部門においても不動産価格の上昇を頼みにした投資は行き詰まるとともに、バランスシート調整圧力が財布の紐を固くする悪循環に陥っています。

中国における不動産不況はまだ序の口とする見方がある一方、同様に不動産バブルの崩壊に直面した日本とは様々な類似点と相違点があります。具体的な相違点としては、不動産バブルが大都市部中心であることや、当局による融資規制の後もマネーサプライは高い伸びが続いていること、金融機関が抱える不良債権の規模などが挙げられます。ただし、これらは中国当局が公表している統計が「正しい」ということが前提となりますが、中国の統計を巡っては疑念が呈されることが少なくないなど、実態と乖離している懸念があります。

そのため、この問題の終わりがどこにあるのか、現時点では依然として見通すことができないのが実情かと考えられます。

中国で強まるデフレ圧力

ここ数年の世界経済においては、コロナ禍の影響が一巡したことによる経済活動の正常化の動きが進んだことに加え、ウクライナ戦争をきっかけに欧米などがロシアに対する経済制裁を強化したことによる需給ひっ迫懸念を反映した商品高、世界的な分断の動きが広がるなかでサプライチェーンの見直しの動きなども重なり、インフレに直面する事態となっています。

長年に亘ってデフレ状態が続いてきた日本においてもインフレ圧力が強まっており、日本銀行が金融政策の変更に動いていることにも現れています。

一方、中国においては先述したようにここ数年上昇が続いてきた不動産価格が下落に転じており、資産デフレの動きが広がりをみせています。中国人民銀行（中銀）が実施した調査によれば、２０１９年時点において家計部門が抱える資産の７割を不動産が占めており、不動産価格の下落はバランスシート調整圧力を通じて家計消費の足かせとなることが懸念されています。

さらに、コロナ禍以降は若年層を中心とする雇用回復が遅れており、バランスシート調整圧力の動きと相俟って家計部門は財布の紐を固くすることに繋がっています。

こうした状況に加え、中国においては近年のインターネットの急速な普及を追い風に、消費活動に占めるEC（電子商取引）の割合が急拡大している上、インターネット上では価格比較が容易に可能であるとともに、大手ECサイトの間では価格競争の動きが広がりをみせてきました。家計部門がバランスシート調整圧力に晒されるなかで財布の紐を固くしていることも重なり、ECサイト間の価格競争の度合いは一段と激化しており、物価が上昇しにくくなっている一因になっています。

先述したように、ここ数年の世界経済においてはインフレ圧力が強まる動きがみられ、中国においても企業部門を中心に商品市況の上昇に直面するなどインフレ圧力が強まることが予想されました。

しかし、当局はコロナ禍を受けた景気減速により家計部門が疲弊するなか、インフレによって不平不満が増幅されることを警戒して、企業部門に対して原材料価格の上昇を製品価格に転嫁することを事実上禁じる対応をみせました。結果、企業部門は商品高による原材料価格の上昇に直面したにも拘らず、商品価格を引き上げられないという「痩せ我慢」を強いられる格好となりました。

こうした動きを受けて、企業においては株価低迷という別の難しい状況に直面したと捉えることができます。

結果として、世界的なインフレが進行していたにも拘らず、中国においてはインフレが抑えられるという効果に繋がったと捉えられます。一方、世界経済の減速懸念が強まり、なかでも中国の景気減速は商品市況の重石となり、世界的なインフレ圧力の緩和に繋がる動きが顕在化して企業部門におけるインフレ圧力が後退するようになると、ディスインフレ圧力が一段と増幅される事態を招いています。

なお、２０２３年の中国の経済成長率（実質ＧＤＰ成長率）はプラス５・２％となったものの、名目成長率はこの伸びを下回るプラス４・６％に留まるなど、23年ぶりに名目成長率が実質成長率を下回る「名実逆転」状態となっています。これは物価指数に当たるデフレーターの伸びがマイナスになるなど、着実にデフレ圧力が強まっていることを意味しています。

さらに、その後も名目成長率が実質成長率の伸びを下回る展開が続くなど、物価が伸び悩む状況が続いているとみられ、デフレ状態が着実に深刻化しつつある様子がうかがえます。その意味では、足下の中国経済はすでにデフレ状態に陥っていると捉えることができます。

先行きの中国経済におけるデフレ状態が一段と深刻化するか否かに注目が集まっています。先述したように、中国においてはバブル状態にあった不動産市況が調整に転じるなど資産デフレ状態に陥っていると捉えられますが、こうした状況が今後も一段と厳しいものとなるか、もしくは持ち直しの動きをみせるかがカギを握ることになります。その意味では、バブル崩壊を経験した日本経済と中国経済の現状を比較することがヒントになるものと考えられます。

日本のバブル崩壊との類似点・相違点

当時の日本経済が直面した状況と、2024年現在の中国経済が直面している状況を比較すると、様々な点で類似点と相違点があることに留意する必要があります。

類似点の観点でみると、不動産バブルの度合いのほか、住宅需要がともに頭打ちの状況に陥っていること、不動産開発業者が相次いで経営破たんに追い込まれていることは共通していると捉えられます。

その一方、住宅価格を巡る地域間格差のほか、当局による総量規制が行われた後に日本ではマネーサプライが大幅に鈍化したものの、中国においては依然として高い伸びが続いていること、金融機関が抱える不良債権の規模、株式など他の資産市場においてバブルが生じているか否か、といった様々な点で相違点が少なくないのも事実です。

さらに、日本においては銀行のみならず、ノンバンクなど幅広い金融セクターが不動産融資を実施していたため、不動産価格の低迷により融資が不良債権化したことの影響が広範に及びました。

しかし、中国における不動産融資は中小・零細の金融機関のほか、農村信用機関といった分野が大宗を占めているため、仮に不動産価格の低迷に歯止めが掛からない事態となったとしても、金融システム全体の危機が懸念される事態に発展することは避けられるとの見方が多いです。その意味では、当局が適切な対応を取ることによりバブルの清算を図ることができれば、事態打開に繋がる余地は残されていると考えられます。

近年の中国における不動産投資の急拡大の動きは中国経済が高い経済成長を実現する

原動力のひとつであったことは間違いありません。ですが、その背後では不動産市場への過度な資金流入が価格の急騰を招くとともに、社会経済格差を助長する一因になっています。そして、そうした社会経済格差の拡大は、社会主義強国を目指す習近平指導部にとってボトルネックとなることが予想されます。

習近平指導部の下では共産党体制の安定が優先されるあまり、経済政策面で理論上は「適切」と思われる政策運営が採られない動きがしばしばみられたことを勘案すれば、過度な期待を抱くことは禁物です。よって、中国の不動産市場を巡る動きによっては、中国経済のデフレ化が深刻化していく可能性に引き続き留意する必要があると捉えられます。

インドと周辺国との不安定な関係と「親中派勢力」

インドのモディ首相は2023年、同年にインドがG20（主要20カ国・地域）の議長国となっていることを受けて、世界的な議論の場においてグローバルサウス（南半球を中心とする開発途上国）の声が届きにくいということを理由に、「グローバルサウスの声サミット」を主催して開発途上国と主要国とのつなぎ役になるとの動きをみせました。これは、近年の高い経済成長を追い風に中国が世界経済における存在力を急速に高めるとともに、一帯一路などを通じて開発途上国との関係を深化する動きをみせていることを強く意識したものと捉えることができます。

インドがこうした動きをみせる背景には、歴史的にインドがイギリスから独立を果たした後に欧米をはじめとする西側諸国にも、旧ソ連を中心とする東側諸国にもつかない「全方位外交」「非同盟主義」と称される外交姿勢を採ってきたことも影響しています。一方、近年はインドが高い経済成長を実現するとともに、世界経済における存在感を高めており、実利を重視した現実主義的な動きを強めており、そうした背景にはインドの外交が元々「大国主義」的な色合いが強いことも影響しているとされます。

インドをはじめとする南アジア地域においては、インドは地域大国として存在する一方、隣国のパキスタンとの間では長らく国境問題や、その背後にある民族問題や宗教問題を理由に紛争状態が続き、度々両国の間で戦争状態に発展してきた歴史があります。

その後は数度に亘って関係改善に向けた試みが行われてきたほか、それによって雪解けに繋がる動きもみられましたが、両国による核実験実施のほか、断続的に発生するテロ事件などによってとん挫する動きが相次いでいるのが実情です。

南アジア地域においては、1985年に地域全体としての福祉の増進と生活水準の向上による経済的な社会進歩、文化発展を進めるための地域協力組織としてSAARC（南アジア地域協力連合）が設立されています。

しかし、SAARCそのものについてはインドとパキスタンの対立を理由にほとんど進展しない状況が続いており、あくまで関税の引き下げを通じた貿易促進により経済成長を後押しするといった経済面での協力に留まっています。そうした背景には、南アジア地域において経済のみならず、地理的な面でもインドの存在感が圧倒的なことが影響していると考えられます。

さらに、各国の政治、外交政策の在り様もバラバラである上、他の地域協力組織のように「外的な共通の脅威」といった存在がなく、組織そのものに対する引力が働きにくいことも影響しています。

南アジア地域においては、各国が直面する脅威は域内における安全保障を巡る脅威が中心となっており、その中心にインドが存在している状況にあります。こうしたことは、インドがパキスタンのみならず、ネパールとも領有権を巡って係争状態にあるほか、かつてはベンガル湾における海洋境界を巡ってバングラデシュと対立し、スリランカでの内戦を巡ってインドが介入したことも影響しています。

近年は中国が一帯一路における「海のシルクロード構想」の一環として、インドの周辺国との関係を強化する動きをみせており、こうした流れもインドと周辺国との関係に様々な影響を与える一因になっています。モルディブにおいては１９８８年に発生したクーデターに際してインド軍が介入して鎮圧したこともあり、その後はインド軍が駐留するなど極めて近しい関係を有してきました。

しかし、近年の中国による巨額のインフラ投資の受け入れなどを通じて中国との関係が深化する動きがみられるほか、２０２３年の大統領選、２０２４年の議会選を通じて親中派が勢力を拡大させています。

親中派政権はインド軍の駐留に反対する動きを強めており、地域大国としてのインドの存在感の後退に繋がる可能性も高まるなど、南アジア地域全体として中国とインドの対立の新たな舞台となることも予想される状況にあります。

高い経済成長を実現する背後で失敗したインドの政策

モディ政権の下でインド経済は高い経済成長を実現させるとともに、世界的に分断の動きが広がるなかで欧米、中ロの両陣営がインドの動きを注目していることも相俟って、世界的な存在感も急速に高めています。

こうした動きも追い風に、インド国内においては貧困層の割合が低下する動きが確認されており、インドの国民生活を巡っても追い風になっていると考えられます。しかし、先述したように2024年に実施された総選挙ではモディ政権を支える最大与党であるBJPは選挙前においては単独で半数を上回る議席を確保していたにも拘らず、大幅に議席を減らしました。結果的に、友党を合わせた与党連合全体で半数を上回る議席を確保したことでモディ政権は3期目入りを果たすことに成功しましたが、予想外の苦戦を強いられたといえます。

その背景には、モディ政権による政策運営を巡って「失策」と判断され得るものが少なからずあることも影響したと考えられます。

モディ政権が実施した政策のなかで最大の失策と称されるのは、おそらく2016年に実施した高額紙幣の廃止措置であろうと思われます。モディ政権はその狙いについて、地下経済における資金浄化による不正蓄財や汚職のあぶり出しのほか、偽造紙幣の撲滅などを挙げました。しかし、市場に流通する紙幣の約9割が廃止対象となったことに加え、政府による発表が唐突に行われる一方で代わりに流通させる新紙幣が物理的に不足したことで幅広く経済活動が混乱する事態に発展しました。

なお、高額紙幣廃止措置そのものは大きな混乱を招きましたが、その「怪我の功名」となる動きもみられました。旧紙幣から新紙幣への切り替えが銀行経由で行われたことを受けて、それまで多くの国民が銀行とのアクセスを有しない状況が続いてきたものの、結果的に金融包摂が進むという副次的な効果が生まれました。また、物理的な紙幣不足を受けて、近年のスマートフォンや携帯電話の爆発的な普及の動きも追い風に、電子決済システムの普及促進が図られるなど、現金離れの動きが促されるといった効果も生まれています。

そして、コロナ禍に際しては、先述したようにインドは世界有数のワクチン供給国であるにも拘らず、感染対策で後手を踏んだ影響で感染拡大を止めることができず、世界的な感染拡大の中心地となる事態に追い込まれました。その後は一転して感染対策を目的に大規模なロックダウン（都市封鎖）に踏み切ったことで、大都市部を中心に大量の失業者が発生する事態となりました。

さらにその後、モディ政権はまたしても一転して拙速なコロナ禍からの「勝利宣言」に動いたことで、再び感染拡大が広がりをみせるとともに、再び経済に悪影響が広がる事態を招きました。

コロナ禍という未曽有の事態に対しては、現時点においても何を以って「正解」とするかは判断が難しいところですが、経済の不振の原因をすべてコロナ禍に落とし込むことにより政権批判をかわす動きをみせたことは、政治家としての「不誠実さ」という評価に繋がった可能性は否定できません。

7000万人を超える貧困層

　近年のインド経済の成長のけん引役は家計消費をはじめとする内需が中心となってきました。しかし、確かにモディ政権の下では高い経済成長を実現しているものの、コロナ禍による経済への悪影響が長引くなかで、ここ数年の経済成長はインフラ投資を中心とする公的需要に対する依存を強める動きがみられます。

　こうした背景には、コロナ禍後の経済活動の正常化の動きに加え、異常気象の頻発を理由とする農業生産の低迷を受けた食料インフレの動きも重なり、生活必需品を中心にインフレが続く一方、都市部においては若年層を中心に失業率が高止まりするなど生活水準の悪化に繋がる動きが続いていることも影響しています。

　近年の高い経済成長でインド国内における貧困率は着実に低下しています。それでも、貧困層の人口は依然として7000万人を上回るなど多数に上るとともに、多くの幼児が栄養状態を巡る問題に直面しているほか、電気のない生活やトイレのない生活といった国民福祉を巡る問題も山積しています。安全な水へのアクセスが確保できない国民も多数に上るとともに、世界で深刻な大気汚染に直面する100都市のうち6割以上がインドにあるといった問題も抱えています。

モディノミクスの下では、メイク・イン・インディアのほかに「クリーン・インディア（スワッチ・バラート）」といったスローガンを掲げてインドの浄化（賄賂や汚職の撲滅という政治的な意味のほか、環境美化といった観点も兼ねています）を図るとしており、環境美化の点ではトイレの整備が目標とされました。

政府は屋外排泄が環境美化のみならず、感染症リスクを招くことを理由に公費での公共トイレの設置を目指すとしており、都市部においては一定の成果を上げる動きがみられる一方、農村部においては利用されないケースが相次いでいる様子もうかがえます。また、トイレの清掃にはダリット（不可触民）が当たるケースが多く、そうしたことが新たな差別を招く懸念も高まっています。その意味では、モディ政権による政策運営がすべて成功している訳ではなく、そのことが国民からの政権に対する認識に少なからず影響を与えている可能性に留意する必要があると考えられます。

中国で加速する国外脱出の動き

かつての中国においては、優秀な人材は相次いで欧米諸国などに留学や研究の機会を得るとともに、そこで働く機会を得ることにより留まるなど、いわゆる「頭脳流出」の動きが活発化してきました。ただし、2000年代以降における高成長を機に中国経済が世界第2位の経済規模となったことに加え、中国国内においても研究など高度人材の活躍が期待できる機会が増大したことにより、そうした流れは縮小が進んできました。

中国当局は海外への頭脳流出を食い止める観点から、海外で学び、研究などを行ってきた優秀な科学者やエンジニアのほか、熟練した人材などを対象に中国国内において高い給与を保証するといった動きに舵を切りました。

こうした甲斐もあって、2000年以前においては海外に留学した中国人学生がその後に中国に帰国する割合は4分の1程度に留まっていたとされますが、中国教育部の調査によれば2016年にはこの割合が8割以上になったとされるなど、頭脳流出が抑えられるといった効果がみられました。

しかしながら、そうした流れはコロナ禍を経て一変する動きがみられるとともに、逆流している様子がうかがえます。ここ数年の中国においては、２０１８年の全人代で承認された憲法改正によって習近平氏の事実上の「終身化」が可能となるなど、共産党内で習一強体制が築かれる動きがみられました。

さらに、その後のコロナ禍に際しては、３年近くに亘ってゼロコロナ政策に基づく政策運営が行われるなかで様々な面で厳格な社会統制が敷かれるようになりました。

２０２４年現在、コロナ禍に際して採られた政策は解除されていますが、一方で近年のインターネットの爆発的普及の背後で、当局はインターネット空間で監視の目を光らせており、人々はそうした空間においても息をつく暇もない状況に置かれているとされます。

そして、近年のＡＩの発達や街角のあらゆるところに設置されている監視カメラとの融合の動きも重なり、リアルな空間においても常に監視の目に晒されている状態です。そうした圧迫感が、人々を自然と抑圧する方向に向かっている可能性もあります。

そうしたなか、優秀な人材が自由を求めて海外に流出する動きが活発化しており、なかには中国国内での高給を捨ててまで海外に飛び出す動きもみられます。

なお、かつては海外への流出先といえば米国がトップに挙がってきましたが、近年の米中摩擦の影響で米国における就労ビザ取得のハードルが上がっていることも影響して、カナダや欧州、オセアニアなどその国・地域は広がりをみせている模様です。そうした流れのなかに日本も含まれていますが、今後の経済政策を巡っては経済安全保障がカギを握るなかで単純な受け入れ先となるかは見通しにくくなっています。

その意味では、人材不足にあえぐ日本と人材流出が進む中国との関係がどのようになっていくかが流れを決めることに繋がるとみられます。

インドでも国外脱出の動き

他方、インドにおいても1990年代までは海外への人材流出、頭脳流出は悩みの種となってきました。そうしたことは、インドでは準公用語として英語が用いられていることで言語面での障壁が極めて低いことも影響しているとされます。また、先述したようにインドではＩＩＴをはじめとする優秀なエンジニアを輩出する教育機関を整備したにも拘らず、インド国内においてはその受け皿となる雇用を創出する機会が乏しかったことも、海外への人材流出、頭脳流出の動きに歯止めが掛からない一因とされてきました。

しかし、２０００年代以降のインド経済が成長を実現したこと、海外からの投資受け入れなどの動きも追い風に、優秀な学生やエンジニアにとっての雇用機会が生まれる流れが出てきました。

インド人学生のなかには、グローバル企業において経営者やエンジニアとしてトップに上り詰める人材が少なくなく、そうした人々のなかにはインドに帰国して起業するほか、海外で成功を収めた人々がインド国内における起業家を支援するという「頭脳循環」という流れも生まれているとされます。そうした流れも追い風に、インドにおいては時価総額が10億ドル以上で未上場の若いベンチャー企業であるユニコーンも着実に育つなどインド人材を取り巻く環境は大きく変化しています。

その一方、モディ政権の下で進められている一連の構造改革のなかには、前進している分野がある一方で、中国に対する警戒感を反映して貿易政策面では保護主義的な動きが強まるとともに、一進一退の動きをみせる分野があるのも事実です。さらに、議会下院で圧倒的多数を有するなど盤石な政治基盤を有していた際においても、重要な経済改革が腰砕けに終わった事例も少なくありません。

今後は与党連立内で友党の発言力が増すことが予想されるなか、こうした改革の進捗の遅れが実際の事業展開を行う上での障壁となることで再び人材流出の動きが広がるリスクは残ります。

その意味では、インド経済が着実に構造改革を進めるとともに成長を実現できるか否かが、今後の人材の動向を左右すると捉えることができるでしょう。

第4章　日本にとってインドは中国の代わりになるのか

分断にともなう「脱中国依存」の動き

ここ数年の世界経済は、米中摩擦の激化の動きに加え、中国を起点に世界的に広がりをみせたコロナ禍、ウクライナ戦争の動きも重なる形で、欧米などと中ロを軸にした分断の動きが広がりをみせています。そうしたなかで、世界的な経済活動においてもデリスキング（リスク低減）を目的としたサプライチェーンの見直しの動きが広がっており、そうした文脈のなかで「脱中国依存」といった言葉をみかける機会が増えているように思われます。

背景には、中国経済が近年の高成長を追い風に世界経済における存在感を急速に高める一方、その存在感の高さを追い風に「エゴ」をむき出しにする動きを先鋭化させていることがあります。そうしたなかで正当性がない形で貿易制裁措置に動いたものが「経済的威圧」と称されていますが、国際法上における明確な定義はないとされています。

なお、米国では「経済的損害や政治的主権に影響を与える目的の下、貿易・対外支援・投資を、非対称・恣意的・不透明な方法で規制・妨害する敵国の行為・措置やその脅し」

を、ＥＵでは「貿易・投資に影響する措置を執る又は執るという脅しにより、ＥＵもしくはその加盟国が特定の政策決定を行うように、第三国が圧力をかけようとする措置」を経済的威圧と定義していますが、簡単に言えば「嫌がらせ」と捉えることができようかと思います。

日本においても、２０１０年に発生した尖閣諸島での漁船衝突事故をきっかけに日中関係が悪化した際、中国政府が日本向けのレアメタルの輸出を大幅に削減する措置に動いたことがありました。そして、２０２４年現在も再びレアメタルやレアアースに対する輸出制限に舵を切る動きをみせています。また、福島第１原子力発電所の処理水を巡って、中国政府は科学的根拠に基づかない形で日本産の海産物の輸入を停止するといった措置に動いています。

経済的威圧への警戒が結束を生む

実は、ここ数年においてこうした中国の外国に対する経済的威圧は日常茶飯的に行われています。

コロナ禍の起源を巡って、オーストラリアの当時のモリソン政権が独立した調査を求めた結果、中国政府がこうした動きに反発する形でオーストラリアからの輸入品に貿易制裁を課す動きに出ました。そして、EUにおいても2021年にリトアニアが台湾の大使館に相当する代表機関の設置を認めたことをきっかけに、中国政府がリトアニアからの輸入品に貿易制裁を課すといった事態に発展しました。

日本においても、その地理的な近さに加え、中国のWTO加盟を経て「世界の工場」として世界的な存在感を高める流れと軌を一にする形で、2000年代以降に中国経済に対する依存度を高めていった流れもあり、中国による経済的威圧に晒されやすくなっていると捉えられます。

一方で、こうした中国による動きを巡っては必ずしも中国政府が期待した効果をもたらさなかったことも知られています。たとえば、日本に対するレアアースの輸出制限については、その後に日本では官民が協力してレアアースの使用量削減に取り組むとともに、レアアースの生産地への投資が拡大したことにより、一定期間は中国によるレアアース市場におけるコントロール能力の低下を招いたとされています。また、オーストラリアやリトアニアの例にしても、中国の輸入制限によって中国向け輸出は大きく減少したものの、中国以外の国や地域への輸出を拡大させたことにより、その影響が大きく相殺される動きもみられました。

さらに、中国によるこうした対応は多くの国において中国に対する警戒感を惹起するとともに、ある意味で結束を生むきっかけになった可能性も考えられます。そうしたなかで、様々な国が中国に対する依存度を高めることを警戒するとともに、脱中国依存を模索する流れに繋がっていると捉えられます。

そして、中国への依存という観点では輸出のみならず輸入の双方で影響が及ぶことにも留意する必要があります。

日本はG7の中で圧倒的に中国への依存度が高い

なお、脱中国依存という言葉については、いわゆるグローバル企業が生産拠点や素材・

部材などの調達拠点としての中国に対する依存度を低下させる動きなのか、各国の財・サービスの輸出入に占める中国からの割合を低下させる動きなのか、混同されている例が多いのも事実かと思われます。ここでは日本の財・サービスの輸出入に占める中国の割合について考察をしたいと思います。

2024年の通商白書によれば、4300品目を対象に2022年時点における輸入がどの国から来ているかを調査しており、その結果としてシェアの半分以上を中国が占める品目数が1406に及ぶなど、他のG7（主要7カ国・地域）諸国と比較しても突出していることが確認されています。他のG7諸国においても輸入シェアの半分以上を占める品目数が最も多いのは中国となる動きがみられますが、地理的な近さに加え、近年における経済的な結び付きの深化の動きも影響し、日本が突出している状況にあります。その意味では、他のG7諸国と比較してもわが国にとって脱中国依存の取り組みは喫緊の課題であるとともに、そのハードルは高いと捉えることができます。

こうした状況は、日本企業に対するアンケート調査の結果で、調達依存度が高い国・地域における中国の割合が4割強と最も高くなっていることにも現れています。中国へ

輸入シェアが50%以上を特定の国・地域に依存している品目の数（G7）

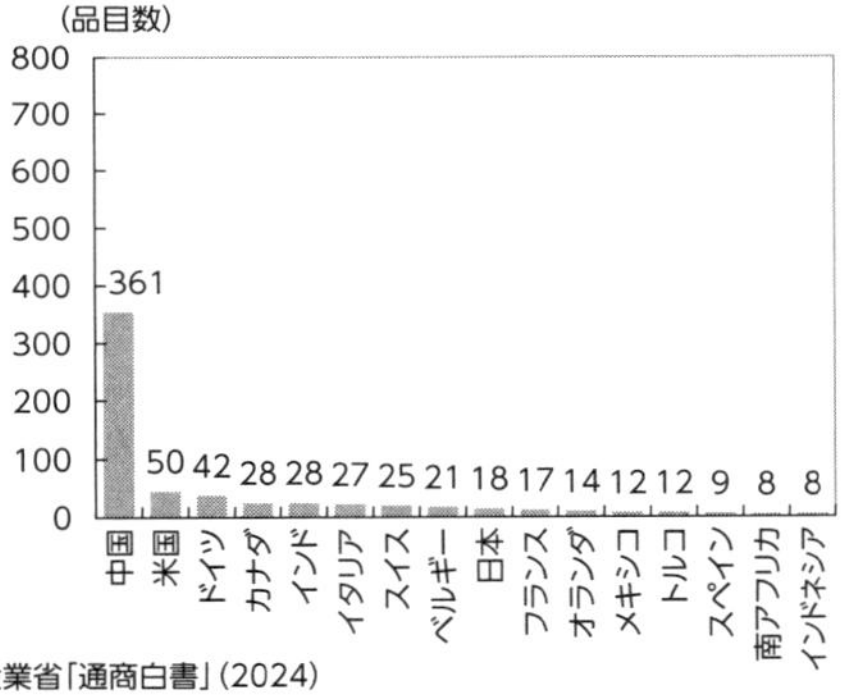

出所：経済産業省「通商白書」（2024）

輸入シェアが50%以上を特定の国・地域に依存している品目の数（日本）

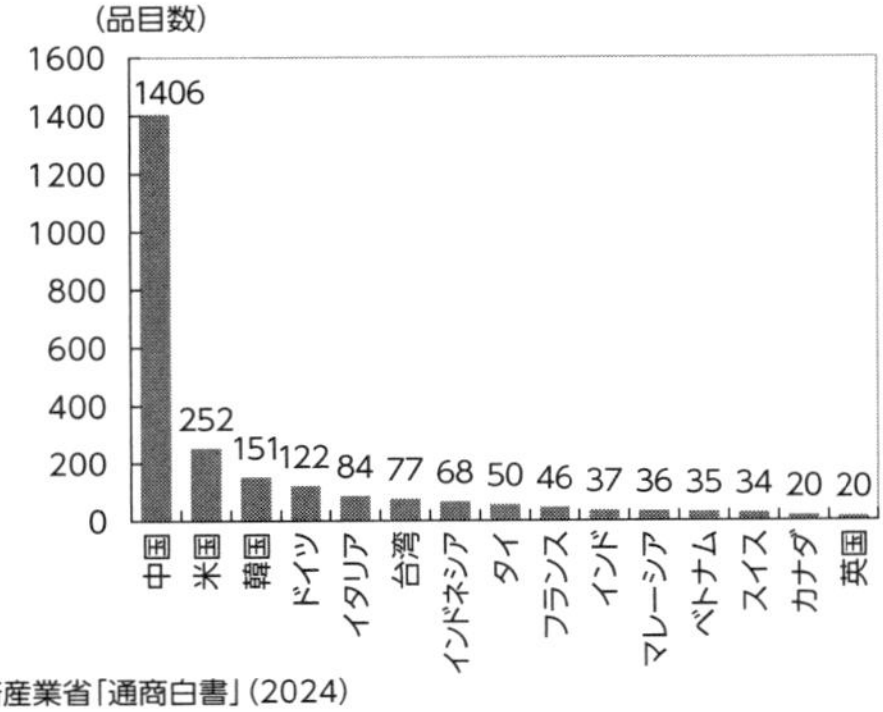

出所：経済産業省「通商白書」（2024）

の調達依存度が高いとしている日本企業の業種をみると、その割合が上位5業種は金属製品製造業、繊維工業、電子部品・デバイス・電子回路製造業、化学工業、電気機械器具製造業の順となっています。調達比率が最も高いのは生産財（鉱業用生産財とその他用生産財）となっていますが、実は生産財の割合が高いのはすべての国・地域においても同じ状況となっています。

そうしたなか、資本財、建設財、消費財（耐久消費財と非耐久消費財）については、日本企業が中国からの調達比率が他の国・地域に比べて高いことを勘案すれば、日本企業が中国から原材料を調達する割合は低下している一方、中間財や完成品に近い工程において中国への依存度を高めていると考えられます。

なお、中国からの調達依存度が高い企業が意識しているリスク要因については、上位から日中関係、米中貿易摩擦、貿易制限・関税といったものが挙げられているほか、それ以外にも政治体制、人権問題、強制的な技術移転といった内容が他の国・地域に比べて高く意識されている様子がうかがえます。

中国からの調達依存度が高い企業に調達依存度を低減させる取り組みの状況と課題を

尋ねると、「すでに依存度を下げている」、「今後下がっていく見込み」とするなど何らかの取り組みを行っている割合に加え、「取り組みの必要性を感じつつも取り組みが困難」と認識している割合がともに高いことから、他の国・地域と比較しても調達依存度の低減の必要性を強く感じていることは間違いないといえます。

ただし、そのなかでも従業員が少ない企業のほか、従業員数は多いにも拘らず自社のみで潜在的なサプライチェーンのリスクの認識に困難を感じている企業などにおいては、「調達依存度の低減に向けた取り組みが困難」と感じている割合が高い様子がうかがえます。

そして、グローバルバリューチェーン全体としてみたリスクをみると、全世界的なサプライチェーンのなかで中国は直接的な中間財のみならず、直接には供給していない中間財についても、生産工程のその先の間接的な中間財供給国として極めて大きな存在感を示していることが確認されています。近年は世界的なサプライチェーンの見直しも影響する形で直接的な中間財における中国の比率は低下する動きがみられますが、第3国での工程を経た間接的な中間財に対する存在感は高まる動きが確認されています。

その意味では、サプライチェーン見直しの動きはバリューチェーンの一部のみに注目するのではなく、グローバルバリューチェーン全体のなかで取り組みを強化していく必要性が高まっており、その取り組みは複雑さを増していると捉えることができます。

中国への輸出に悪影響が出る可能性

日本にとってここ数年は中国が最大の輸出相手となってきました。しかしながら、ここ数年の米中摩擦や世界経済の分断をはじめとする国際情勢の変化による影響に加え、中国国内における生産活動や消費動向なども影響する形で変化している様子がうかがえます。

その結果、２０２３年には米国向け輸出が中国向け輸出を上回るなど、中国経済の変化が少なからず影響を与えていると考えられます。

ただし、全体としての中国向け輸出は減少しているものの、電気機械およびその部分品における集積回路については堅調な推移をみせており、こうした分野については対中依存度を高めていると捉えることができます。

さらに、機械類のなかでも半導体、集積回路、またはフラットディスプレーの製造用機器の輸出も堅調な動きをみせており、半導体製造用の機器については、中国政府が主導する半導体の内製化の動きが影響している可能性が考えられます。事実、中国の産業用ロボットの輸入に占める日本からの輸入の存在感は極めて高く、欧米などが中国に対する輸出規制の動きを強化しているなかで、日本への依存を強めているものとみられます。こうした動きは、中国による輸入を巡る動きが変化すれば一転して日本からの輸出に悪影響が出る可能性が考えられます。

近年の日本は、中国の高成長に加え、中国国内における富裕層を対象に化粧品や食料品など日用品をはじめとする消費財の輸出拡大を目指す動きが活発化しています。実のところこれら消費財の輸出が輸出全体に占める割合は決して高い方ではありませんが、日本国内においては人口減少も影響する形で市場の縮小が避けられないなか、輸出に活路を見出すのは自然な流れと捉えることができます。

しかし、中国向け輸出に大きく依存する形でサプライチェーンを構築した場合、先述したように中国が処理水を巡る問題を理由に日本からの水産品の輸入を停止するといった動きに出た時に、その影響がより大きく出やすくなってしまう状況に陥ります。こうした動きは特段中国に限った話ではありませんが、グローバル化が進むなかで輸出先の国との関係が時に影響を与える可能性には留意する必要性がこれまで以上に高まっていると考えられます。

インド向け輸出は1・5％に留まる

インドはすでに世界最大の人口を擁する国となっているほか、近年の高い経済成長も追い風に、ＧＤＰの水準は２０２２年に旧宗主国であるイギリスを追い越して世界第５位となっています。その上、ＩＭＦ（国際通貨基金）の見通しによればＧＤＰの規模は向こう数年のうちに日本やドイツも追い越し、世界第3位になることが見込まれる状況にあります。

しかしながら、近年のインド経済の成長は家計消費をはじめとする内需がけん引役となってきたことに加え、経済構造面では貿易依存度が新興国のなかでも相対的に低いとされる構造を有しています。こうしたことから、インドはその経済規模に比べると、貿易関係を通じた海外との関係が築きにくい状況にあると捉えることができます。

こうしたことも影響して、国・地域別の日本の輸出に対するインド向け輸出はインドの経済成長の動きも追い風に近年は拡大のペースが加速しているものの、２０２３年時点においても１・５％程度に留まっているとともに、日本の輸入に占めるインドからの輸入も同様に２・１％程度に留まっており、世界有数の経済規模を有する国という状況に反する形で直接的な貿易のやり取りを通じた日本とインドの関係は必ずしも深くないと捉えることができるかもしれません。

その一方、２０１４年に日本は当時の安倍政権とインドのモディ政権の下で両国関係を「日印特別戦略的グローバル・パートナーシップ」に格上げしたことに加え、その後は両国の首脳どうしが相互に訪問していることに現れているように、両国の政治的な関係は加速度的に強化されています。そして、こうした政治的な関係強化の動きと表裏一体となる形で安全保障面でも日印関係は急速に深化が図られる動きがみられています。

インドとの経済関係深化のきっかけ

日本とインドの経済関係の面で深化が図られてきた流れのひとつに経済協力がありま す。ここ数年、インドは日本の有償資金協力（円借款）の供与先として最大となる展開が続いており、首都デリーと最大都市ムンバイを結ぶ高速鉄道のほか、デリーメトロ（地下鉄）をはじめとする様々なインフラ投資の拡充を支援する動きが活発化しています。

さらに、近年は経済協力の実施に当たって民間セクターやＮＧＯなどとの連携を強化するなどプレイヤーが多岐に亘っているほか、こうした経済協力関係の深化をテコにした形で日本とインドの経済関係が深化する動きが確認されています。具体的には、日本からインドへの直接投資の実施額は、インドの経済成長の動きも追い風に右肩上がりで増えていることに加え、インドに進出する日系企業の数も約１４００社に及ぶとともに、その拠点も４９００程度で推移するなど着実に経済関係は深化の度合いを強めていると捉えることができます。

このように日本とインドの経済関係が深化することになるきっかけは、２０１１年に発効された日印包括的経済連携協定（ＣＥＰＡ）に遡ることができるかもしれません。日印ＣＥＰＡは、日印両国間の貿易や投資の自由化・円滑化、知的財産の保護、競争政策の調和、ビジネス環境整備、様々な分野での経済協力などを通じて経済関係の強化を図るとともに、ビジネスチャンスの拡大を目指す形で締結されました。

さらに、日印ＣＥＰＡにおいては、物品の貿易のみならず、サービスの貿易のほか、人の移動、強制規格・任意規格および適合性評価手続き（ＴＢＴ）や衛生植物検疫措置（ＳＰＳ）、政府調達、投資、知的財産、競争、ビジネス環境の整備、様々な協力といった幅広い分野を網羅した内容とされているため、自由貿易協定（ＦＴＡ）に比べて包括的なものとなっています。

そして、その後も両国の実態に合わせる形で協議を通じた協定内容のブラッシュアップを図るといった動きも継続されています。

そうしたなかで、足下では先述したようにインドが「ＩＴ大国」であることも追い風に、スタートアップやＩＴ人材交流といった分野でのデジタル・パートナーシップのほか、ＩＣＴ分野における協力覚書を締結しています。その後も、日本とインドの経済協力の深化によりインドの産業競争力の強化を図るべく、日印産業競争力パートナーシップ、クリーン・エネルギー・パートナーシップといった新たな分野での協力を積極的に推進する動きもみられます。その意味では、日本とインドの経済関係は重層的に深化の度合いを強めていると捉えることができます。

地理的な距離が今後の日印関係の課題

一方、日印CEPAにおいては人の移動の自由化を目指す方針が示されていますが、現実には両国間の距離の遠さのほか、歴史的な経緯、言語や文化など様々な障壁などが影響しているのか、日本とインドの間の人的交流は限定的なものに留まっており、今後の活性化が課題となっています。たとえば、日本人による訪問者数をインドと中国で比較すると、日本とインドの間と日本と中国の間では10分の1程度に留まるなど雲泥の差があるのが実情です。

これ以外にも、訪日者数もインドと中国との間では大きく差がある状況が続いているほか、日本への留学者数、在留外国人数、在留邦人数など様々な面で差があります。そして、インドにおける日本語の学習者数も中国における学習者数を大きく下回っているほか、地方自治体間の交流、国際航空定期便数も雲泥の差がある状況にあります。

日本政府は２０１８年にインドにおける日本語学習の普及拡大を目的に日本語教師育成センターを設立しているほか、インド工科大学ハイデラバード校やインド情報技術大学ジャバルプル校に対する支援、観光交流の拡充といった取り組みが進められています。

ただし、こうした動きが一足飛びに日本とインドの人的交流の拡大に繋がると考えるのは早計でしょう。実際、日本と中国との人的交流についても長年に亘って日中関係の改善に向けた取り組みが進められてきた結果として進んできたことを勘案すれば、先行きについてはそうした状況と同じ程度の時間を掛けながら深化が図られるであろうとみていく必要があります。

こうしたなか、インドはいわゆるグローバル・サウスと呼ばれる南半球を中心とする新興国の盟主を目指す動きをみせるのみならず、新興国の雄として近年の高い経済成長を追い風に存在感を高めてきたＢＲＩＣＳに属しています。その一方、戦略的自律性に基づく形での自由で開かれたインド太平洋（ＦＯＩＰ）に共鳴するとともに日本、米国、オーストラリア、インドの４カ国の枠組であるＱＵＡＤにも加わっています。

そして、中東やアフリカの国々などとの協力が深化する動きもみられるなか、日本とインドという二国間協力の枠組のみならず、第三国を交えた協力という新たな分野の舞台となっています。その意味では、日本経済とインド経済との関係については一段と深化が進む途上にあると捉えることができます。

「実利重視」のインドとどう交流すべきか

ここで、今後の日本とインドとの間の経済交流の意義について考えてみます。繰り返しになりますが、コロナ禍やウクライナ戦争をきっかけにここ数年の世界経済に分断の動きが広がっているなかで、ともすれば経済のブロック化や経済的威圧を通じた攻撃に晒されるリスクが高まっています。こうしたなかで、先述した日本とインドが加わっているＱＵＡＤが基本理念として共有している「自由で開かれたインド太平洋」という価値観に加え、法の支配という共通理念を有していることをテコにした関係深化を図ることの意義が高まっているといえるでしょう。

ただし、こうした理念を前面に押し出す形で関係深化を図ろうとすれば、空回りになる可能性にも留意する必要があります。それは、先述しているようにインドの外交戦略が伝統的に等距離外交（全方位外交）を志向していることに加えて、その行動原理を巡っても実利主義的な色合いが強いことも重なり、時に西側諸国の論理と必ずしも相いれない行動にでる可能性があるからです。

たとえば、ウクライナ戦争を巡って欧米などはロシアに対する経済制裁を強化しているほか、日本もこうした動きに同調する動きをみせています。しかし、インドとロシアは旧ソ連時代から伝統的な関係を有していることも影響して、西側諸国によるロシアへの経済制裁には同調しないとともに、ロシアから原油や肥料などの輸入を拡大させるなどの動きをみせています。

こうしたインドの動きは日本にとって受け入れがたいものと捉えられるかもしれませんが、インドがこうした「実利」を重視している点を、日本とインドの関係のなかでもきちんと認識する必要があります。

そもそもインドは日本をどう見ているのか

その意味では、そもそもインド側が日本をどのようにみているかについてもきちんと認識をする必要があります。インド経済が近年の高い経済成長を追い風に世界経済における存在感を高めていることに加えて、欧米にも中ロのどちらの陣営にも与しない「中間派」として重要さを増しているなか、多くのグローバル企業がインドを重視する動きをみせています。

そして、日本企業もこうした世界的な流れに沿うようにインドへの直接投資の動きを活発化させる動きをみせています。

しかし、国際場裏における日本企業の対応などを揶揄する言葉のひとつに「NATO（No Action Talk Only）」というものがあります。インドの人々も、少なからず日本の対応にこうした不平不満を持つ様子がうかがわれる場面があります。先述したように日本とインドの間では政治、安全保障などの面で関係深化の動きが急速に広がっており、経済面においても同様に関係が深化している様子がうかがえます。

ただし、インドの人々の間では様々なグローバル企業が積極的にインドへの投資を拡大させているにも拘らず、その中での日本の貢献度が高まりにくい展開が続いていることに不満を持つ向きがあるとされています。

そうしたなか、世界的にみたインドの立ち位置としては、世界的なデリスキングを目的とするサプライチェーンの見直しの動きのほか、世界的にデジタル人材の奪い合いの動きが活発化しているなかでその人材供給源として存在感を高めているなか、日本企業がこうした流れやデジタル分野での協力を着実に図ることができるかが注目されます。

インドも日本と同様に半導体が次世代産業の核になるとの認識を示しており、すでに米国の半導体企業がインドでの生産実現に向けた投資を実施するとの方針を示していますが、これだけの大胆な提案を実現できるか否かといった問題はあるものの、日本企業が直接的な投資のみならず、半導体産業で先行する国々との協働などを通じてこうした動きを後押しする余地はあるのかもしれません。

こうした前提を踏まえ、日本企業がインドをどのようにみているのかを考える必要があります。

JBIC（国際協力銀行）が日本の製造業企業を対象に実施しているアンケート調査においては、向こう3年程度を対象に進出意欲がある国を挙げるとインドがトップになるとともに、その比率も上昇するなどインドに対する関心は着実に高まっています。そして、インドに対して期待している点を挙げると、市場としての成長性のほか、安価な労働力、組み立てメーカーへの供給拠点、優秀な人材といった点で注目を集めている様子がうかがえます。

一方、インドに対して抱いている課題点としては、市場としての成長性の背後で厳しい競争環境に陥っていることに加え、法制度の運用の不透明さ、依然として不足状態にあるインフラ、管理職人材の確保、税制システムの複雑さ、技術系人材の確保といった点を挙げる向きがみられるなど、期待と同時に多くの課題を抱えていることは間違いありません。

2024年の総選挙を経てモディ政権は3期目入りを果たしましたが、幸いなことにインドは歴代政権の下でも日本からの投資受け入れに対しては積極的な姿勢をみせてきました。モディ政権の下ではそうした意欲が増していることを勘案すれば、将来的にも関係深化が図りやすい状況にあると捉えられます。

しかし、インド側は日本企業による対応の慎重さにやきもきする姿勢を隠しておらず、そうした企業文化の違いが少なからず両国の間の関係に影響を与える可能性には留意する必要があります。

日本に対する「あこがれ」は薄れつつある

近年の高い経済成長を追い風に世界第2位の経済規模を有するとともに、GDPの水準は日本の4倍近くに達している中国においては、若年層を中心に経済の観点でみて日本に対する「あこがれ」のようなものはなくなっています。インド経済についても近年の高い経済成長を追い風に勢いを増しているほか、先述したように数年のうちにGDPの水準は日本を追い越すことが見込まれるなど、大きく状況が変わる局面は近付いています。

そうしたなかで、インドの都市部の若年層の間では経済の観点でみた日本に対するあこがれのようなものは薄れつつあるとされています。その意味では、インドにおける上の世代などを中心に日本に対する期待が残っているうちに、きちんと目にみえる形で関係深化を着実に図ることができるか否かがポイントになるかと思われます。

日本はすでに深刻な少子高齢化による人口減少が進んでおり、グローバルに事業を展開している日本企業にとっては、成長を実現する観点で中長期的な人口増加が期待されるインドとの協働は切っても切り離すことができない選択肢になっていることは間違いないでしょう。

ただし、先述したようにインドは時に西側諸国の物差しでは考えられない行動に出ることがあるほか、今後もそうした状況が続く可能性には充分に留意する必要があります。

また、日本と中国との関係のなかでは「先の大戦」という両国の間に切っても切り離すことができない負の歴史が厳然とあるなかで、日本側が引いてしまうことが少なからずあったのも事実かと思われます。そうしたことが今日の日本と中国との関係にも大きな影響を与えてきた可能性を勘案すれば、インドとの関係深化を巡っては日中関係と「同じ轍」を踏まないための努力を日本側も払う必要性は高まっています。

政治や安全保障面で日本がインドと関係深化の動きを加速化させている背後には、日本とインドがともに抱える「中国へのけん制」という共通利害が大きく影響している可能性があります。

他方、モディ政権下のインドにおいては様々な面で強権姿勢が露わになる動きがみられるほか、宗教や民族などを軸にした対立の動きが広がるなど人権の面で問題になる動きも顕在化しており、欧米などはインドに対してこうした問題を指摘する動きをみせています。

しかし、先述したように自由で開かれたインド太平洋や法の支配といった理念のほか、民主主義の価値観を共有しているとしつつ、日本はこうした問題に目をつぶっている面は否めません。インドが権威主義的な色合いを強めていることに対しては「言いたいことを言う」といった「是々非々」の関係をきちんと構築した上で、経済的な利益が日本とインドの双方に資するような形にしていく必要があります。

そのためにも、日本とインドの経済関係を深化させることによって、インドにとって日本が必要不可欠な存在になることは、日本とインドが「大人の関係」として世界的にも存在感を高めることに資することになるでしょう。そして、アジアにおける日本の存在感を維持する上でも重要になってくると考えます。

第5章　インドと中国の今後

中国経済はどこに向かうのか

２０００年代以降の中国経済を巡っては、グローバル化の波に乗る形で世界経済との連動性を高めるとともに、その恩恵に浴する形で高い経済成長を実現し、文字通り世界経済をけん引する役割を担ってきたと考えられます。

そうした役割はいわゆる「リーマン・ショック」に端を発する世界金融危機を経て一段と強まった可能性が考えられます。それは、世界金融危機直後の世界経済がマイナス成長となるなど、その影響は文字通り未曾有のものとなったにも拘らず、当時の中国政府が巨額の景気刺激策に舵を切るとともに、プラス成長を維持したことで鮮明になりました。

世界金融危機後の２０１０年代についても、欧米など主要国経済の成長力に陰りがみられるなかで、中国経済の勢いがより鮮明になる展開が続いてきました。そして、経済構造面で相対的に外需依存度の高い傾向がある新興国経済や、国際商品市況の影響を受けやすい資源国経済にとっては、世界経済における中国経済の存在力向上の動きが、そのままそれらの国々にとって中国経済の影響力が強まることに繋がってきたと考えられます。よって、世界経済は中国経済に文字通り「おんぶに抱っこ」となる形で、成長を実現する傾向が強まってきたと捉えられます。

そして、「中国の夢」、「中華民族の偉大な復興」というスローガンを掲げて発足した習近平指導部の下では、先述のように近年の中国経済が高成長を追い風に世界経済における存在感を高めてきたことも重なり、歴代政権に比べて愛国主義的な傾向を一段と強める動きをみせてきました。その後も習近平指導部の下で、中国は先述したように建国100年に当たる2049年までの発展計画を掲げ、第1段階として2025年までに世界の製造強国入りを、第2段階として2035年までに世界の製造強国の中位に、そして第3段階として2049年には世界の製造強国のトップになるという壮大な目標を掲げました。

こうした目標の実現に向けて、習近平指導部は戦略産業に掲げる分野を対象に様々な支援を実施してきました。そして、そうした政策支援も追い風にした中国国内での生産拡大を受けた価格競争力の高さを武器に、海外への輸出も拡大させています。

かつての中国製品といえば「安物買い」などと揶揄されることが少なくなかったのも事実ですが、現在はすでに再生可能エネルギーなど先進的な分野においても中国製品が世界市場における占有率を高める動きがみられます。

具体的には、２０２３年時点において太陽光パネルについては世界の上位５社を中国企業が独占するとともに、その市場占有率も６割弱に達しているほか、風力発電機についても上位５社のうち４社を中国企業が占めているほか、市場占有率も４割を上回る水準に達している模様です。

そうした状況は世界経済が一段と中国経済に対する依存の度合いを強めることに繋がっていることは間違いありません。他方、中国経済に対する依存度を強める背後では、中国との間で利害が対立する事態に直面した国々にとって中国による経済的威圧をはじめとする「圧力」に晒されるリスクが高まっていることを意味します。そして、近年は様々なサービスがインターネットと繋がるとともに、中国製品の占有率が高まるなかで、そうした製品を通じて入手可能な「情報」を巡るリスクも高まっています。

その結果、中国によるそうした動きが顕在化する機会が増えるにしたがって、欧米など主要国にとって中国が「脅威」と映る状況になっているものと捉えられます。

グローバル化の足かせになる可能性

しかし、2020年からのコロナ禍において中国が長らく「ゼロコロナ」戦略を取ったことで物流が遮断されたことにより、近年のグローバル化の進展を追い風に世界的に複雑に絡むサプライチェーンに対する意識が強まりました。そして、2022年からのウクライナ戦争を受けて、欧米など西側諸国がロシアに対する経済制裁の動きを強化する一方、中国は欧米などと異なるスタンスを取る動きをみせています。中国は実質的にロシアを支援しており、世界経済が欧米などと中ロなどとの間で分断の動きが加速することに繋がっています。

そうしたなかで、先述したように中国は中期的な目標の実現に向けてまっしぐらの様相をみせているほか、そうした動きを補強するように、欧米などと異なる経済発展モデルとして「中国式現代化」の推進を図る方針を示しています。そして、その実現に向けて国家の安全（共産党体制の護持）をその基盤に据えるとともに、様々な政策運営に共産党の関与を深める動きをみせています。その上で、社会体制の面でも2035年を目途に「社会主義現代化」を実現するとともに、21世紀半ばを目途に「社会主義現代化強国」の実現を目指すという長期目標を掲げています。

こうした状況を勘案すれば、今後も中国経済は欧米などからみれば「異質の国」として前進していく可能性は極めて高いと捉えることができます。これまでの世界経済を巡っては、先述したように中国のWTO加盟をきっかけに中国経済が真の意味で世界経済の一員となったことも追い風に、グローバル化の動きが急速に広がりをみせるとともに、そのことが世界経済の成長を促すことに繋がってきたと考えられます。しかし、中国は欧米など主要国が築いてきた既存の秩序と異なる形での経済成長を目指すとともに、そうした「中国標準」を「グローバル・スタンダード」に広げる動きを活発化させることが予想されます。

そうした姿勢に対して欧米などの反発が強まることは必至と見込まれるほか、ブロック化とまではいかずとも、世界経済の分断の動きが不可逆的に進むとともに、グローバル化の動きの足かせとなることは避けられないでしょう。

よって、近年の中国経済が高い経済成長を実現した背景には、世界経済のグローバル化が大きく影響するなどその恩恵を最も受けてきたと考えられますが、今後はそうした外部環境が大きく変化していくことが予想されます。

中国の経済規模は２０１０年以降、米国に次ぐ世界第2位となっていますが、購買力平価（ある商品の価格がひとつであるという「一物一価」を前提にした為替レートを基にしたもの）でみた経済規模は２０１７年に米国を上回って世界第1位になったと試算され、以降両国の差が開く展開が続いています。これは、中国国内における財・サービスの価格が米国に比べて低いことが大きく影響していると考えられます。

このように中国経済が世界経済において圧倒的な存在感を示していることは、裏を返せば世界経済が中国経済と切っても切り離すことができない状況にあることを表しています。

他国より速い生産年齢人口の減少にどう対処するか

中国政府はこれまでも、経済成長のけん引役を外需から内需へ、内需のなかでも投資から家計消費にシフトさせるべく様々な取り組みをみせてきました。

しかし、実際にはGDPに占める家計消費の比率は一貫して頭打ちの様相をみせるとともに、2000年代以降の高い経済成長の背後では横這いの動きをみせてきました。足下においては頭打ちの動きに変化の兆しがみられますが、その背景には世界経済の分断の動きが広がるなど、外需を取り巻く環境が変化していることが影響しているとみられます。よって、中国経済が真に持続可能な形での経済成長を実現させるためには、家計消費をはじめとする内需を安定的に拡大させることが不可欠になっているといえるでしょう。

しかし、先述したように中国は長年に亘る「一人っ子政策」の影響により急速な少子高齢化が進展しており、2013年に生産年齢人口はピークを迎えて減少局面に転じています。そして、2020年からのコロナ禍を経て総人口も2021年をピークに減少局面に転じており、経済成長を実現する上で重要な「パイ」の面で厳しい状況に直面することは避けられなくなっています。

中国では法定退職年齢（いわゆる「定年」）が２０２４年時点において男性は60歳、女性のうちホワイトカラー（事務職や営業職、専門職など）は55歳、女性のうち工場労働者は50歳と世界的にみて低く設定されており、こうしたことも比較的早く生産年齢人口が減少局面に転じる一因になってきたとされています。中国政府は２０２５年から段階的にこの法定退職年齢を引き上げる方針を明らかにしており、15年ほどの時間を掛けて男性については63歳、女性のうちホワイトカラーを58歳、女性のうち工場労働者を55歳にそれぞれ引き上げるとされています。

中国政府がこうした方針変更に舵を切った背景には、当然ながら生産年齢人口が減少局面となるなど労働者の確保が困難になっていることがありますが、それだけではありません。

近年は高齢者数の増加を受けて年金給付額が増加しており、とりわけ公的部門が負担する基礎年金を巡る財政が急速に悪化していることが懸念されてきました。中国の年金制度は、その運営や財政が地域ごとに分断されているほか、管轄している地域や制度ごとに管理されています。したがって、地域によっては年金財政が実質的に破たん状態に追い込まれる動きもみられるなど、その改革は喫緊の課題となってきました。

そうしたなかで定年年齢の引き上げと、年金支給開始年齢の実質的な引き上げという大改革に大鉈が振られた格好ですが、こうした大幅な変更は多くの人々にとって老後のライフプランの変更を迫るものになります。

当面はこうした大改革がどのように進むかに注目する必要がありますが、一連の動きによって仮に家計消費が活発化する方向に進むことができれば、中国経済の行方、とりわけ内需と外需とのバランスの取れた経済成長の実現を後押しする可能性が考えられます。しかし、不動産不況の行方も見通せない状況が続いているほか、コロナ禍を経て若年層を中心とする雇用不安が根強くあるなか、高齢層が実質的に優遇される形で制度変更が進められれば、世代間格差といった新たな問題を引き起こすことも懸念されます。家計消費が一段と力強さを欠く様相をみせるようになれば、経済成長を実現することによってある意味で存在証明を示してきた共産党体制に対する国民の見方が変わることも考えられます。

そして、内需を取り巻く環境が厳しさを増す展開が続けば、経済成長を維持する観点から外需を取り込むべく、グローバル・サウスと称される新興国にウィングを広げる動きが一段と活発化していくことも予想されます。

その意味では、世界経済における「陣地合戦」のような動きが色々な面で広がっていく可能性にも留意する必要があります。

インド経済は中国に代わる存在となるのか

先述したように中国はすでに人口減少局面に転じている一方、インドについては中長期的な観点でも人口増加局面が続くと見込まれており、それだけ経済成長を実現するための材料には事欠かないと捉えることができます。

さらに、インド経済については、近年の経済成長のけん引役が家計消費をはじめとする内需であることから、人口増加が見込まれることによる市場規模の拡大が経済成長を一段と促すという期待に繋がりやすくなっています。こうしたことから、先行きの世界経済については中国に代わる形でインドがそのけん引役になるとの見方が広がっていると考えられます。

確かに、足下のインド経済は堅調な経済成長を実現しているほか、その経済成長率も中国が頭打ちの動きをみせるなかで、インドについては対照的に堅調な推移をみせており、そうした見方を裏付けていると捉えられるかもしれません。

しかし、ここで気を付けなければいけないのが、インド経済の成長の動きをみた時に、インド経済の成長過程と中国をはじめとするアジア新興国の成長過程との間に大きな違いがあるということです。

インドの1人当たりの経済成長率は中国よりも低い

少々理論的な話になりますが、経済成長を実現する要素ごとの動きをみたとき、足下のインドについては人口増加を追い風に労働力そのものは拡大しているほか、近年は国内のみならず、海外からの投資の動きが活発化していることも追い風に資本の蓄積も進んでいます。

先行きについても、インドにおいては中長期的にみても人口増加が期待できる状況にあることは、インド経済が引き続き高い経済成長を実現する余地が大きいと理解されるかもしれません。

しかし、1人当たりの経済成長率といった観点では、中国をはじめとする他のアジア諸国が高い経済成長率を実現してきた時期と比較して低水準に留まっています。これはインドの労働生産性が低いことを意味していると捉えることができます。

その背景には、インドでは労働人口の大半が非正規雇用であることが影響しており、その理由には長年に亘る社会主義に基づく政策運営の下で労働法制が労働者に対する保護が厚いとされている点が挙げられます。結果として、インド国内では労働集約型産業の育成が遅れており、先述したようにGDPに占める製造業の割合が農林漁業を下回る水準に留まるといった構造に繋がっていると考えられます。

さらに、非正規雇用であることを理由に賃金が低水準に抑えられているほか、女性の労働参加率が低水準に留まっていることも重なり、インドがより持続可能な経済成長を実現するためには、これらの課題を克服する必要があると捉えられます。

将来的な人口動態の変化に留意する必要性

そして、インド国内では将来的な人口動態の変化という新たな課題が顕在化しています。欧米など主要国のみならず、中国やＡＳＥＡＮをはじめとする新興国においても、経済成長を実現してきた国々においても少子高齢化が進む動きがみられます。その理由には様々な要因が考えられますが、そのひとつに急速な都市化が進んでいる背後で、結婚のほか、出産や子育てに関わる費用が上昇している一方、若年層やいわゆる「働き盛り世代」を取り巻く雇用環境の改善が経済成長に比べて進まない、ないし、遅れていることが挙げられています。

事実、先述したようにインドの総人口は足下においても増加局面が続いていますが、農村部を中心に人口増加の動きが確認される一方、都市部においては合計特殊出生率が顕著に低下する動きがみられるなど、人口動態に変化が生じることが避けられなくなっています。

経済成長が進展するとともに少子高齢化が進みやすいという傾向は洋の東西を問わず幅広い国・地域において確認されていることに鑑みれば、インドがこうした流れに逆らう形で人口増加の実現を図ろうとすることのハードルは高いでしょう。価値観の多様化の動きが都市部のみならず地方部にも広がれば、人口動態を巡る状況が大きく変化していく可能性にも留意する必要があると考えられます。

都市部において少子高齢化が進んでいる一因には、労働生産性の低さの一因となっている雇用の大半を非正規雇用が占めるなど、雇用を巡る不透明さという問題がここでも挙げられます。

先述したように、インドはGDPに占める製造業の比率が農林漁業の比率を下回っています。雇用創出といった観点で最もその効果が出やすい製造業の存在感の低さが、インド国内における雇用機会の足かせになっていると考えられています。モディ政権の下では、「メイク・イン・インディア」をはじめとするスローガンやその実現に向けた製造業誘致を目的とする政策支援のほか、世界経済の分断の動きや世界的なサプライチェーン見直しの動きといった外部環境の変化も追い風に、こうした問題への対応を強化する動きがみられます。

とはいえ明るい材料もあります。インドでは長年の課題となってきたインフラ不足の解消に向けて、モディ政権はインフラ投資の拡充に取り組んでおり、徐々にそうした問題の克服が進んでいる動きもみられます。こうした動きに鑑みて、近年は海外からインドへの直接投資が流入する動きが活発化しており、雇用機会の拡大と生産性の向上を通じてインド経済が直面する課題の克服を促すことが期待されます。

その意味では、製造業誘致に向けた取り組みが着実に実を結ぶ形で成果を上げる流れを作ることができるか、それによってインド経済が抱える低い生産性といった問題の解決に道筋を付けることが大きな一歩目となることは間違いありません。

中国にはない「民意」がインドを左右する

他方、中国とインドの違いを考えた場合、やはり政治体制の違いが経済政策に与える影響を考えざるを得ません。中国については、やや乱暴な表現になりますが共産党による「右向け右」という形で政策運営を図ることが可能なほか、異論についても色々な手段を駆使することによって抑え込むといった対応が取られています。しかし、インドについては世界最大の民主主義国家という政治体制に加えて、選挙という「洗礼」を通じて国民からの政策運営に対する評価を受けることになります。

インド経済が高い経済成長を実現しているといっても、2024年の総選挙においてモディ政権率いる最大与党のBJPが大きく議席を減らすとともに、モディ政権下で初めて単独で過半数を下回る議席に留まるといった評価が下されたことは、モディ政権の政策運営による「マイナスの面」に対する国民からの評価も示しています。よって、先行きの政策実現を巡っても、「民意」を無視することはできません。

その意味では、インド経済が生産性を高めつつ、経済成長を実現するためには様々な構造改革を実現する必要がありますが、そうした問題を一足飛びに解消することは簡単ではないといえます。

なお、インドのＧＤＰは２０２３年時点において米ドルベースで中国の５分の１程度に留まる一方、実質購買力ベースでみたＧＤＰは４割程度に達していると試算されています。ただし、中国経済は以前ほどの力強さはなくなっているとはいえ、依然として経済成長を実現しています。また、過剰生産能力といった別の問題を抱えているものの、習近平指導部が中長期的にも製造業の能力強化を目指していることも重なり、生産力の観点でみれば引き続き存在感を示す展開が予想されます。

それに対してインドについては人口増加が成長力を押し上げる効果が期待される一方、その持続可能性を高める観点では生産力の増強に加えて、生産性の向上という２つの課題を着実に克服する必要に迫られています。よって、中国とインドの間の差はゆっくりと縮まっていくことは予想されますが、インドの経済規模が近い将来に中国を逆転するような状況に発展していくとは見通しにくいのが実情です。

モディ政権は期待の高さを具体的な政策で下支えできるか

そして仮に、インド経済が生産性の向上を実現できない状況が続いたとすれば、人口増加を追い風に経済成長は実現するのでしょうが、その一方で経済成長のペースに比べて1人当たりGDPは伸びないことによって、経済としては「規模は大きいけれど豊かとはいえない国」という形に留まってしまう可能性も考えられます。その意味においては、インド経済に対する期待は間違いなく高いといえますが、その期待の高さを具体的な政策によって下支えする取り組みが求められることになります。

２０２４年の総選挙を経て３期目入りを果たしたモディ政権にとっては、国内においては政権基盤が必ずしも盤石とは呼べない状況となるなど難しい課題を抱えています。しかし、世界がインド経済に対する注目を高めるなど外部環境が追い風となりやすい状況を巧く利用しつつ、インド経済が抱える課題の克服に向けた取り組みを前進させることができれば、インド経済の成長力が想定を上回る状況に改善させることも可能になります。

将来的には総選挙を通じて政権交代といった事態が起こる可能性にも留意する必要がありますが、如何なる政権の下でも経済成長の実現が国民生活の向上に繋がるという基本路線を維持することができれば、インド経済が世界経済に与える影響力が飛躍的に向上していくことも期待されるでしょう。

今後の中国との付き合い方

日本が如何に中国と対峙していくべきかという問題については、ここ数年様々な観点から議論がなされています。しかし、すでに中国のＧＤＰの規模は米ドルベースで日本の4倍以上に、実質購買力ベースでは5倍以上と大きな違いが出ていると試算される状況にあるなど、経済力の面では大きな開きが生じている状況にあります。さらに、先述したように日本経済は様々な面で中国経済に対する依存度を高めてきたことを勘案すれば、その在り様は翻って日本経済に様々な経路を通じて影響を与えることは避けられません。

そうしたなか、日本経済の中国経済に対する依存度を低下させることはひとつの解なのかもしれません。デリスキングを目的とする世界的なサプライチェーンの見直しの動きを追い風に、日本企業の間にもサプライチェーンの分散化や品目などの見直しなどを通じて中国への依存度の低減を図ろうとする動きが出ているのも事実です。

しかし、製造業などにおいては様々な分野で近年の中国による供給力向上の動きなども追い風に、中国製品の市場占有率が高まるとともに、その価格競争力の高さが中国との関係の難しさを増す一因になっているのも事実です。たとえば、玩具や遊具用品、運動用品のほか、紡績用繊維や製品、家具・寝具などについては、輸入全体に占める中国からの輸入比率は5割を超えているなど中国依存度が極めて高いことに加え、生活に直結するものと捉えることができます。

そして、日本国内においては深刻な少子高齢化を受けて急速な人口減少が見込まれるなど、国内市場の縮小が避けられなくなっており、持続可能な経済成長の実現の観点では外需を着実に取り込むことは不可欠になっています。そうした意味では、経済的な結び付きに加えて、市場としての中国とのアクセスを維持することの重要性はこれまで以上に高まっていることは間違いありません。

一方、近年の高い経済成長の背後で中国はアジア太平洋地域における軍事的な存在感を急速に向上させており、地理的に東シナ海や南シナ海を通じて接している日本にとって実態的な脅威となる場面もみられます。そして、先述したように日本は度々中国による経済的威圧に晒されてきたことを勘案すれば、中国への依存によるリスクをきちんと認識する必要があることも間違いありません。

経済的な観点でみれば、以前に比べて力強さを失いつつあるとはいえ、依然として人口の規模も大きく、それなりの経済成長が期待される中国経済の需要を取り込みつつ、日本経済の持続可能性を高めることが不可欠になるでしょう。

その一方、経済的威圧の問題のほか、中国による「力による現状変更」といった問題などに対しては、国際場裏を巻き込む形で毅然とした形でけん制を掛けるといった是々非々の対応を取ることが何よりも求められます。時に日中関係を巡っては、様々な歴史的な背景が影響する形で日本側の対応に一貫性が欠けるといった問題が少なからずみられますが、そうした対応が中国の動きを増長させる一因になった可能性にも留意する必要があるでしょう。

経済の問題については、企業レベルでの対応に加え、それを支える政府レベルでの対応など重層的な対応を通じて関係構築とけん制の両立に取り組むとともに、リスクの抑制を図っていくことが望まれます。

こうした経済的な関係の構築を円滑に実現していくためには、政府レベル、そして政治家レベルといったところで日中関係をこれまで以上に戦略的、かつ中長期的な観点で定めていくことの重要性が高まっています。さらに、仮に中国による経済的威圧など具体的な動きに備えるべく、中国に過度に依存しない形での構造もきちんと構築していく「強かさ」を併せ持って対応していくことが不可欠になっていると捉えられます。

インドを「中国」にさせないために

インドとの関係を巡っては歴代政権の下でも比較的良好な状態が続いていると捉えられます。そして、先述したようにインドは日本との間でＣＥＰＡ（包括的経済連携協定）

を締結しているほか、戦略的自律性に基づく自由で開かれたインド太平洋（ＦＩＯＰ）に共鳴するとともに、日本、米国、オーストラリアが加わるＱＵＡＤにも参加するなど、様々な分野で協力関係の深化を図りやすい状況にあります。

ただし、インドの外交戦略を巡っては、伝統的に実利を重視する等距離外交（全方位外交）を国是としていることに鑑みれば、時にそうした価値観に基づく行動が欧米など西側諸国との間で相いれない事態となり得ることに加え、その対応を誤れば日本としての立ち位置が問われることも充分に予想されます。

日本としては、同盟国の動きに対して何も言わないのではなく、同盟国ゆえに言うべき時にはきちんとけん制することができる是々非々の関係をきちんと構築していく必要があります。

それは、モディ政権下のインド国内においては、選挙という民主主義的な制度こそ維持されているものの、内政を巡っては強権的な姿勢が様々なところで表面化しており、国際人権団体などが注意を払う動きもみられます。そして、そうした問題を扱う報道機関に対して様々な圧力をみせたほか、２０２４年の総選挙直前には野党指導者が突如逮捕されるといった動きもみられました。

世界経済が分断の様相をみせるなか、インドは欧米などにも中ロなどにも付かない「中間派」の立場を自任しており、双方の陣営ともにインドを相手陣営に付かせたくないとの思惑も影響して、双方ともにインド国内における様々な問題に実態として目をつぶっているのが実情かもしれません。しかし、そうした対応はインドに間違ったメッセージを与えるとともに、インドが今後もこうした動きを一段と強める可能性もあります。

先述したように、インド経済を巡っては中長期的にみて人口増加が見込まれることも追い風に、その経済規模も着実に拡大していくことが期待されています。中国が高い経済成長を追い風にして世界経済における存在感を拡大させ、それに伴う影響力の拡大をてこに発言力を高めてきたことに鑑みれば、インド経済の成長に伴って同様の動きに出る可能性は否定できません。

したがって、「鉄は熱いうちに打て」という訳ではありませんが、良好な関係を構築するとともに、インドとも是々非々の関係をきちんと築いておくことが将来的な世界経済の在り様にも影響を与えることが予想されます。

インドの米ドルベースのGDPの規模は早ければ2025年にも日本を追い越すと見込まれていますが、実のところ実質購買力ベースのインドのGDPは2023年時点において日本の倍以上になっていると試算されます。よって、経済規模の面でみれば日本はすでにインドに対して優越的な状況にはなくなっています。その意味では、日本とインドの経済関係の強化の動きが日本の持続的な経済成長に資するのみならず、インドの持続的な経済成長にも資するといったwin-winの関係に昇華させることができなければ、インドにとって日本と関係深化を図る「うまみ」がなくなっているとも捉えられます。

先述したインド経済が直面する課題の解消に日本との関係深化が資するなど、インド側にとってもその妙味が目にみえる形になることが必要ですし、製造業のみならず、ITなど重層的な分野での関係深化は双方の利益になるといった道筋をみせる必要があります。その上で、インドはともすればFTAをはじめとする対外開放路線に後ろ向きの姿勢をみせることが少なくありませんが、ASEANなどアジア新興国を絡めた形での重層的な関係深化を図っていくことの重要性も高まります。

その意味では、企業レベルでできることには限界があるとともに、先述した「NATO（No Action Talk Only）」と揶揄されることのある日本企業の動きを後押しするといった観点からも、政府レベルなどでこれまで以上に後押しできる環境作りに取り組むとともに、そのなかでも是々非々の協議を進めることが必要になっているといえるでしょう。

おわりに

本書を最後までお読みいただき、まことにありがとうございます。本書では、このところの世界経済において注目を集めるグローバル・サウスの「雄」とされる中国とインドについて、経済と政治を軸にしてひとつの見方を示しています。

世界経済ではこれらの国々の存在感が高まる一方、日本経済の存在感が相対的に低下しているなか、日本においても、中国やインドのみならず、新興国の動向を無視することはできなくなっています。

最近はインターネットの普及をはじめとする情報入手の手段が多様化していることなどもあり、様々な媒体を通じて新興国に関する情報を得ることのハードルは低下しています。さらに、コロナ禍を経てミーティングの在り方も多様化しており、海外との間でオンラインを通じたやり取りも活発化するなど、意思疎通もこれまで以上にしやすくなっています。

とはいえ、海外に関する情報を得る手段が多様化しているにもかかわらず、依然として中国やインドをはじめとする新興国に関するものは少ない、と思われる方は少なくないのではと思います。そうしたなか、本書はあくまで筆者としての見方ではありますが、読者の皆様が中国やインドについて理解を深める一助になれればと考えています。

筆者自身は長らく、中国やインドをはじめとする新興国について日々調査や研究といった業務に従事していますが、新興国に関わりを持つようになった当初は、これほど早く新興国が世界経済における存在感を高めるとは想定していませんでした。それだけ世界経済を取り巻く環境が大きく、かつ速く変化していると考えられます。そうしたなかで、中国やインドをみる際のひとつの材料としていただけるとありがたいです。

末筆ではありますが、筆者が新興国に関する仕事を続けるなかで、これまでお世話になった前職、そして現職における同僚のほか、仕事を通じて知り合うことができた専門家の先生方に心からお礼を申し上げたいと思います。また、本書の企画を弊社にお持ち込みいただいた株式会社ワニブックスの大井さん、本当にありがとうございます。

最後に、本書の執筆に当たっては週末を潰したにもかかわらず、常に後押ししてくれた妻にもあらためてこの場を借りて感謝します。

２０２４年12月　西濵 徹

西濱 徹（にしはま とおる）

1977年、福岡県生まれ。第一生命経済研究所経済調査部主席エコノミスト。一橋大学経済学部卒業後、国際協力銀行（JBIC）を経て、2008年より現職。JBICでは、当時のアジア（東アジア、東南アジア、南アジア、中央アジア）地域向け円借款業務のほか、アジア、東欧、アフリカ地域のソブリンリスク審査業務などに従事。現在は、アジアを中心とする新興国（日米欧「以外」）のマクロ経済及び政治情勢分析を担当。

インドは中国を超えるのか

著者　西濵　徹

2025年2月25日　初版発行

発行者　髙橋明男
発行所　株式会社ワニブックス
〒150－8482
東京都渋谷区恵比寿4－4－9えびす大黒ビル
ワニブックスHP　http://www.wani.co.jp/
（お問い合わせはメールで受け付けております。
HPより「お問い合わせ」へお進みください）
※内容によりましてはお答えできない場合がございます

装丁　小口翔平＋青山風音（tobufune）
フォーマット　橘田浩志（アティック）
校正　東京出版サービスセンター
企画協力　株式会社第一生命経済研究所
編集　大井隆義（ワニブックス）

印刷所　TOPPANクロレ株式会社
DTP　株式会社　三協美術
製本所　ナショナル製本

ISBN 978-4-8470-6714-3
WANI BOOKOUT　http://www.wanibookout.com/
WANI BOOKS NewsCrunch　https://wanibooks-newscrunch.com/